Wok – low fat

W0047969

Rezept	Seite	Kalorien/Portion	Schnell	Raffiniert	Fatburner	Für Gäste	Preiswert	Gut vorzubereiten	Gelingt leicht	Vitaminreich
Hähnchen mit Kardamom	6	168	●	●						
Hähnchenbrust mit Kürbis	6	166		●	●					
Fladen-Sandwich mit Fisch	8	333			●	●				
Kräutertomaten mit Nudeln	10	346	●				●			
Reisbandnudeln mit Gemüse	10	401		●		●				
Penne mit Spargel und Rucola	11	340				●				●
Buchweizennudeln mit Lachs und Spinat	11	422		●						●
Hähnchen mit Kokosmilch	12	471	●						●	
Entenbrust mit Auberginenreis	12	409				●			●	
Warmer Putensalat mit Nektarine	14	180							●	●
Warmer Geflügelsalat mit Chinakohl	14	170			●				●	
Thailändischer Reis mit Ananas	18	323			●		●			
Zitrus-Curry mit Blutorangen	18	113				●				●
Gefüllte Kräuterpfannkuchen	20	237		●			●			
Grüner Spargel mit Mozzarella	22	160	●							●
Gemüse mit Safran	22	80							●	●
Spargel-Fondue und Tomaten-Salsa	24	214				●			●	
Spargel mit Tofu	24	165	●	●						
Gefüllte Aubergine	26	144		●					●	
Kartoffeln mit Kräutermousse	26	294					●		●	
Fenchel mit Fingermais und Spinat	27	198					●			●
Fenchel mit Orangensaft	27	174							●	●
Rotkohl mit Maronengnocchi	28	375		●				●		
Mangold mit Steinpilz-Champignons	28	179	●						●	
Rosenkohl mit Haselnüssen	30	146				●			●	
Schwarzwurzeln mit Tofu	30	105				●			●	

GU Rezept-

Rezept	Seite	Kalorien/Portion	Schnell	Raffiniert	Fatburner	Für Gäste	Preiswert	Gut vorzubereiten	Gelingt leicht	Vitaminreich
Vietnamesisches Gemüse mit Pute	34	180			●	●				
Hähnchenbrust mit Mangold	34	220			●	●				
Arabischer Curryreis mit Gemüse und Huhn	36	500				●	●			
Lammfilet mit Austernpilzen	38	360				●			●	
Schweinefilet mit Austernsauce	38	202	●						●	
Lamm-Geschnetzeltes mit Paprika	40	185	●						●	
Rinderfilet mit Blumenkohl	40	194	●						●	
Spinatreis mit Fleischbällchen	42	266					●		●	
Entenstreifen mit Maiskölbchen	42	433				●			●	
Shrimps mit Spinat	44	183	●						●	
Muscheln mit Lorbeer	44	122	●	●						
Gedämpfte Forelle mit grüner Sauce	46	225			●				●	
Gedämpfte Fischfilets auf Sprossen	46	163	●	●						
Seezunge mit Brokkoli und Glasnudeln	48	340				●			●	
Seezungenfilet mit Chinakohl	48	190	●	●						
Warme Mohntaschen mit Mangosauce	52	263			●				●	
Polenta-Sticks–mit Himbeermus	52	353					●			●
Ananaskompott mit Buchweizen	54	250					●		●	
Ananasspieße mit Zimtquark	54	198					●		●	
Schupfnudeln mit Zwetschgen	56	246					●		●	
Melone mit Glasnudeln	58	108					●			●
Bananenpfannkuchen	58	248					●		●	
Milchreis mit Mangos	59	190			●				●	
Kokossuppe	59	197				●				●
Kirschragout mit Schmarrn	60	396					●		●	
Armer Ritter mit Orangen	60	240					●		●	

Wegweiser

Die Anschaffung eines Woks ist eine gute Investition und als Gartechnik ist er ideal für eine dauerhaft schlanke Figur. Nutzen Sie das uralte Küchenwissen Asiens für Bodyshaping und Fitness.

Wok-Gerichte sind automatisch low fat

Vor allem dem Wok verdanken es die asiatischen Küchen, wenn sie bei Wissenschaftlern als besonders gesund gelten:
• Im Wok lässt sich mit wenig Öl garen: Das kommt Ihrer Linie und Ihren Arterien zugute.
• Im Wok können Sie kalorienarmes Gemüse besonders knackig und lecker zubereiten. Durch die kurzen Garzeiten bleiben die gesunden Inhaltsstoffe wie Vitamine, Mineralstoffe, sekundäre Pflanzenstoffe und Ballaststoffe weitgehend erhalten.

Der Wok – Favorit der leichten Küche

Früher wurde der Wok direkt ins Feuer gehängt, heute sind verschiedene Modelle im Handel.
Mit Wok-Gerichten gerät Ihr Gästeessen garantiert zu einem Ereignis. Noch besser: nutzen Sie ihn möglichst täglich. Probieren Sie neben den asiatischen Spezialitäten auch die tollen eurasischen Gerichte in diesem Buch aus. Sie werden sehen, wie wunderbar sich alles »low fat« zubereiten lässt, wenn Sie die vielen küchentechnischen Möglichkeiten voll ausnutzen. Mit den praktischen Tricks und Tipps – vom Pfannenrühren und Pfannenschwenken über das Rotbraten und Schmoren, bis hin zum Blanchieren und Dämpfen – gelingt alles im Handumdrehen.

Leichtes zum Lunch

Tipps für den Kauf

Der Wok wird durch den gewölbten Boden zum idealen Low-Fat-Topf.
• Für den Gasherd gibt es den traditionellen runden Wok noch heute. Sie benötigen einen Ring, der dem Topf Stand gibt.
• Im Wok für den Elektroherd ist bei flachem äußeren Boden die innere Rundung beibehalten. Er ist auch für den Gasherd geeignet.
• Beschichtete Woks fürs extra fettarme Garen müssen sorgfältig behandelt werden. Durch Überhitzen und Kratzer wird die Schicht geschädigt mit möglichen Folgen für die Gesundheit. Auch haftet dann an der beschichteten Wand das Öl nicht mehr so gut.
• Der gusseiserne Wok ist für die Low-Fat-Küche der perfekte Universaltopf. Er leitet die Hitze sekundenschnell. Alle fettarmen Garmethoden funktionieren ausgezeichnet.
• Woks aus Edelstahl oder Aluminium eignen sich gut zum Dämpfen und als Zweit-Wok.
• Fürs fettarme Dämpfen brauchen Sie einen Deckel zum Wok – meist aus Aluminium.

Low-Fat-Techniken

Mit Ausnahme des Frittierens eignen sich für die Low-Fat-Küche alle Gartechniken, die im Wok möglich sind.

Richtig starten

Den Wok immer zuerst erhitzen, mit Öl bepinseln und erneut erhitzen.

Pfannenrühren

Wenn die vorbereiteten Zutaten mit dem Holzspatel durch kleine Mengen nicht zu heißes Öl gewirbelt werden, hängt dabei viel vom Rhythmus ab.
• Deshalb: Immer alle Zutaten und Fleisch- oder Gemüsebrühe zum Anfeuchten bereitstellen.
• Wichtig für Einsteiger: Alle Zutaten müssen vor dem Beginn des Garens vorbereitet sein. Also das Gemüse, Fleisch usw. schon putzen und klein schneiden, da während des Garens dazu keine Zeit mehr bleibt. Die Zutaten nacheinander und portionsweise garen. Dabei alles im heißen Wokboden kurz anbraten und an den Seiten, die nach oben hin immer kühler werden, zum Nachgaren lagern oder das Abtropfgitter verwenden.

Pfannenschwenken

Statt Öl etwas Brühe oder Sauce verwenden. Wie beim Pfannenrühren mit dem Spatel ständig rühren. Die Brühen gleich zu Beginn salzen.
Während beim Pfannenrühren alles knusprig gerät, wird beim Pfannenschwenken alles fein glasig und transparent. Hier wie dort bleibt alles bissfest, behält Farbe und Aroma.

Schmoren

Nach dem Anbraten die Zutaten in der Sauce oder Brühe geschlossen bei mittlerer Hitze garen. Die Sauce dann bei starker Hitze offen einkochen lassen.

Rotschmoren

Das Fleisch nach dem Anbraten in Sojasauce schmoren. Es erhält so eine dunkle Farbe.

Blanchieren

Das Gemüse in kochendes Wasser geben, gleich nach dem Aufkochen wieder abgießen und kalt abbrausen, das stoppt das Nachgaren.

Dämpfen

Dämpfen im geschlossenen Wok vollbringt kulinarische Wunder.
• Fürs Trocken-Dämpfen über kochender Flüssigkeit eignet sich der Universal-Dämpfeinsatz aus Edelstahl. Interessant sind asiatische Bambuskörbe. Den Boden eines Korbes mit Öl bepinseln, das Gargut schön dekorativ hineinlegen und später darin servieren.
• Fürs Nass-Dämpfen die marinierten Zutaten in einer Schale auf einem Ständer oder einer umgedrehten Tasse dämpfen.

Hähnchen mit Kardamom

● Raffiniert
● Schnell

Für 4 Personen:

5 Kohlrabi
3 rote Paprikaschoten
4 Zwiebeln
1 Knoblauchzehe
2 Hähnchenbrustfilets ohne Haut (etwa 300 g)
200 ml Brühe (Grundrezepte Seite 17)
2 Nelken
1 Lorbeerblatt
2 TL Würzöl (Szetschuanpfefferöl, Rezept Seite 33)
1/4 TL Kardamompulver
Salz · Pfeffer

Zubereitungszeit: 25 Min.

Pro Portion ca.: 168 kcal
22 g EW/3 g F/11 g KH

1 Das Gemüse putzen und waschen, wenn nötig schälen. Den Kohlrabi in etwa 4 cm lange dünne Stifte schneiden. Die Paprika in etwa 2 cm große Rauten schneiden. Die Zwiebeln schälen und in dünne Ringe schneiden. Den Knoblauch schälen und fein raspeln. Das Fleisch in dünne Streifen schneiden.

2 Den Wok erhitzen. 5 EL Brühe mit Zwiebeln, Nelken und Lorbeerblatt bei mittlerer Hitze aufkochen lassen. Die Brühe unter Rühren verdunsten lassen.

3 Das Würzöl im Wok erhitzen. Den Knoblauch darin 2 Min. rösten. Nacheinander in die Mitte des Woks Kohlrabi, Paprika und Hähnchenbruststreifen einrühren, Kardamom untermischen und alles 2 Min. rösten. Mit der restlichen Brühe aufgießen, aufkochen lassen und zugedeckt 5 Min. schmoren lassen. Dabei gelegentlich umrühren. Mit Salz und Pfeffer abschmecken. Mit Bulgur servieren.

VARIANTE

Sie können dieses Gericht auch mit anderem Saisongemüse zubereiten. Gut schmeckt auch Brokkoli, kombiniert mit Schwarzwurzeln oder Spargel.

TIPP!

Kardamom ist hierzulande vor allem aus der Weihnachtsbäckerei bekannt. Das Gewürz ist aber auch Bestandteil von Currymischungen. Sie können zur Abwechslung dieses Gericht auch mit 1/2 TL Currypulver zubereiten.

Hähnchenbrust mit Kürbis

● Raffiniert
● Fatburner

Für 4 Personen:

1 Stück Kürbis (etwa 400 g)
2 Äpfel
1 Bund Koriandergrün oder glatte Petersilie
2 rote Zwiebeln
2 TL Würzöl (Chiliöl, Rezept Seite 33)
4 Hähnchenbrustfilets ohne Haut (etwa 300 g)
Salz · Pfeffer
200 ml Brühe (Grundrezepte Seite 17)
2 EL helle Sojasauce

Zubereitungszeit: 30 Min.

Pro Portion ca.: 166 kcal
19 g EW/3 g F/15 g KH

1 Kürbis, Äpfel und Koriander waschen und trockentupfen. Den Kürbis schälen, entkernen und in etwa 3 cm dicke Würfel schneiden. Die Äpfel vierteln, entkernen und in Spalten schneiden. Die Zwiebeln schälen, halbieren und in dünne Streifen schneiden.

2 Den Wok, dann das Öl erhitzen. Die Zwiebeln darin bei mittlerer Hitze glasig braten. Die Hähnchenbrust salzen, pfeffern, dazugeben und in 3 Min. goldbraun braten. Dann aus dem Wok nehmen.

3 Mit Brühe ablöschen. Kürbis und Äpfel unterrühren, aufkochen lassen und die Hähnchenbrustfilets obenauf legen. Bei schwacher Hitze zugedeckt 5–10 Min. schmoren lassen. Das Gemüse gelegentlich umrühren.

4 Den Koriander klein schneiden und untermischen. Mit Sojasauce, Salz und Pfeffer abschmecken. Dazu passt Reis mit Hirse.

TIPP!

Sehr praktisch ist wegen seiner kleinen Größe der aromatische Hokkaido-Kürbis. Er lässt sich bequem ein bis zwei Monate in der Wohnung lagern. Seine leuchtend rote Farbe macht ihn zudem zu einem dekorativen Blickfang. Mit seinem festen Fruchtfleisch eignet er sich gut für die Zubereitung im Wok.

Im Bild vorne: Hähnchen mit Kardamom
Im Bild hinten: Hähnchenbrust mit Kürbis

Fladen-Sandwich mit Fisch

● Für Gäste
● Fatburner

Für 4 Personen:

Für die Fladen:
100 g Vollkornmehl
100 g Mehl (Type 405)
1 TL Salz
150 ml lauwarmes Wasser
Mehl für die Arbeitsfläche
Für die Füllung:
1 Zucchino (etwa 200 g)
1 Bund glatte Petersilie
1 großes Bund Rucola
8 Blätter Frisée- oder
Endiviensalat
40 g Alfalfasprossen
nach Belieben
4 Kabeljaufilets
(je etwa 100 g)
Salz · Pfeffer
4 TL Erdnussöl
120 ml süßsaure Sauce

Zubereitungszeit: 1 1/4 Std.
Ruhezeit: 30 Min.

Pro Portion ca.: 333 kcal
25 g EW/10 g F/36 g KH

1 Das Mehl mit Salz in einer Schüssel vermischen. Eine Mulde eindrücken und 4 EL Wasser mit etwas Mehl verkneten. Das restliche Wasser löffelweise unterkneten, bis das Mehl aufgebraucht und ein geschmeidiger Fladenteig entstanden ist.

2 Den Teig zu einem Ballen formen und in der Schüssel zugedeckt bei Zimmertemperatur 30 Min. ruhen lassen.

3 Inzwischen für die Füllung Zucchino, Petersilie, Rucola, Frisée- oder Endiviensalat und eventuell die Sprossen waschen und trockentupfen. Den Zucchino putzen, fein raspeln und zugedeckt beiseite stellen. Petersilie und Rucola von den Stängeln zupfen.

4 Den Fladenteig kurz durchkneten, zur Rolle formen, in 8 Teile schneiden und diese zu Bällchen formen. Daraus auf einer bemehlten Arbeitsfläche nacheinander 8 dünne Fladen (etwa 18 cm Durchmesser) ausrollen und nebeneinander auf ein bemehltes Küchentuch legen. Sind die Ränder zu dick, diese etwas ausziehen.

5 Den Backofen auf 50° vorheizen. Den Wok erhitzen. Die Fladen bei mittlerer Hitze nacheinander in 1 1/2 Min. je Seite trocken backen, dabei die Fladen hin und her bewegen. In einem Tuch im Backofen warm halten.

6 Die Fischfilets salzen, pfeffern und würfeln. Den Wok erneut erhitzen. Das Öl zugeben und erhitzen. Den Fisch darin bei mittlerer Hitze in zwei Portionen unter Wenden je Seite in 4 Min. goldbraun braten und warm stellen.

7 Den Rucola und den Salat getrennt quer durchschneiden und in mundgerechte Stücke zupfen. Die Fladen auf der Arbeitsfläche ausbreiten. Die Zucchiniraspel darauf verteilen und mit dem Rucola belegen. Darauf den Fisch legen und mit der süßsauren Sauce bestreichen. Mit Petersilie bestreuen und mit Salat abschließen.

8 Die Fladen zusammenrollen, auf Teller legen und nach Belieben mit den Sprossen garnieren.

VARIANTE

Für die Füllung können Sie auch geschnetzeltes Schweinefilet verwenden. Das Geschnetzelte 3 Min. in 2 TL Knoblauchöl (Rezept Seite 33) anbraten. Mit 150 g gekochtem Bulgur (das halbe Rezept von Seite 17) und 2 EL gehackter Petersilie im Wok vermischen. Mit 2 EL Austernsauce, Salz und Pfeffer würzen. Zusammen mit 1 EL Schnittlauchröllchen und 4 Blättern in Streifen geschnittenem Römischen Salat in die Fladen füllen.

Kräuter-tomaten mit Nudeln

● Preiswert
● Schnell

Für 4 Personen:

300 g Hartweizennudeln
Salz
100 g tiefgekühlte Erbsen
1 kg reife Fleischtomaten
1 Chilischote
2 TL Würzöl (Knoblauchöl, Rezept Seite 33)
1 Bund glatte Petersilie
2 Zweige Minze
1 TL Honig · Pfeffer

Zubereitungszeit: 30 Min.

Pro Portion ca.: 346 kcal
13 g EW/3 g F/67 g KH

1 Die Nudeln in reichlich Salzwasser nach Anleitung bissfest kochen. Die Erbsen in 1/8 l Salzwasser aufkochen lassen. Beides abgießen.

2 Die Tomaten waschen und ohne Stielansätze in kleine Würfel schneiden. Die Chilischote waschen.

3 Den Wok, dann das Öl erhitzen. Die Chilischote darin bei mittlerer Hitze 1/2 Min. anbraten. Die Tomatenwürfel zugeben, stark erhitzen und 5 Min. pfannenrühren.

4 Die Petersilie und die Minze waschen, trockenschütteln und klein schneiden. Unter die Tomaten mischen. Die Chilischote entfernen. Mit 1 TL Honig, Salz und Pfeffer würzen. Erbsen und Nudeln unterrühren und mit Salz und Pfeffer abschmecken.

Reisband-nudeln mit Gemüse

● Raffiniert
● Für Gäste

Für 4 Personen:

200 g Reisbandnudeln
Salz
150 g grüne Bohnen
1 rote Paprikaschote
1 rote Zwiebel
1 Knoblauchzehe
1 Stück Ingwer (etwa 3 cm)
4 TL Olivenöl
300 g Brokkoliröschen
100 ml Brühe (Rezepte Seite 17)
5 EL dunkle Sojasauce
2 El gehackte Cashewnüsse

Zubereitungszeit: 25 Min.

Pro Portion etwa: 401 kcal
15 g EW/8 g F/68 g KH

1 Die Nudeln in Salzwasser nach Anleitung bissfest kochen.

2 Inzwischen das Gemüse waschen und putzen. Bohnen und Paprika klein schneiden. Die Zwiebel schälen, halbieren und in dünne Streifen schneiden. Knoblauch und Ingwer schälen und klein schneiden.

3 Den Wok, dann das Öl erhitzen. Die Paprika darin bei mittlerer Hitze 1 Min. rühren. Nach und nach Bohnen, Brokkoli und Zwiebeln darin bissfest anbraten.

4 Knoblauch und Ingwer unterrühren. Mit Brühe und Sojasauce aufgießen und 1 Min. kochen lassen. Die Nudeln abgießen und darin heiß werden lassen. Mit Nüssen bestreut servieren.

Penne mit Spargel und Rucola

● Für Gäste
● Vitaminreich

Für 4 Personen:

300 g Penne
Salz
500 g weißer Spargel
2 Strauchtomaten
1 großes Bund Rucola
1 Knoblauchzehe
4 TL Olivenöl
Pfeffer
Saft von 1/2 Zitrone oder 1 Limone

Zubereitungszeit: 25 Min.

Pro Portion ca.: 340 kcal
12 g EW/5 g F/62 g KH

1 Die Nudeln in reichlich Salzwasser nach Anweisung bissfest kochen, dann in ein Sieb abgießen und abtropfen lassen.

2 Inzwischen den Spargel waschen, schälen und schräg in dünne Scheiben schneiden. Die Tomaten waschen und ohne Stielansätze klein würfeln. Den Rucola waschen, von den Stielen befreien und in dünne Streifen schneiden. Den Knoblauch schälen und klein schneiden.

3 Den Wok, dann das Öl erhitzen. Den Spargel darin bei mittlerer Hitze in 4 Min. bissfest braten. Die Tomaten 3 Min. mitdünsten. Nudeln und Rucola untermischen, salzen, pfeffern und im Wok heiß werden lassen. Mit Zitronen- oder Limonensaft, Salz und Pfeffer abschmecken.

Buchweizennudeln mit Lachs und Spinat

● Raffiniert
● Vitaminreich

Für 4 Personen:

300 g Buchweizennudeln
Salz
200 g Spinat
2 Frühlingszwiebeln
250 g Lachsfilet
2 TL Erdnussöl
100 ml Gemüsebrühe (Grundrezept Seite 17)
2 EL dunkle Sojasauce
Pfeffer

Zubereitungszeit: 25 Min.

Pro Portion ca.: 422 kcal
22 g EW/13 g F/55 g KH

1 Nudeln in reichlich Salzwasser nach Anweisung bissfest kochen, dann abgießen.

2 Inzwischen den Spinat waschen, verlesen, in kleine Stücke zupfen und abtropfen lassen. Die Frühlingszwiebeln putzen, waschen und ein Drittel Grün in dünne Ringe, den Rest in kleine Stücke schneiden. Den Lachs 2 cm groß würfeln.

3 Den Wok, dann das Öl erhitzen. Den Lachs darin bei mittlerer Hitze 2 Min. anbraten. Spinat und Frühlingszwiebeln, bis auf das Grün, untermischen. Alles mit Sojasauce würzen, hin und her schwenken und warm stellen.

4 Brühe im Wok aufkochen lassen. Die Nudeln darin schwenken und zum Lachs geben. Mit Salz und Pfeffer würzen. Mit dem übrigen Grün bestreuen.

Hähnchen mit Kokosmilch

● Gelingt leicht
● Schnell

Für 4 Personen:

300 g Öhrchennudeln
Salz
1 grüne Chilischote
1 Stange Lauch
(etwa 200 g)
1 Stück Ingwer
(etwa 2 cm)
200 g Hähnchenbrust
ohne Haut
Pfeffer
100 g Mais (aus der Dose)
1 Bund Schnittlauch
4 TL Erdnuss- oder Rapsöl
100 ml Brühe (Grund-
rezepte Seite 17)
150 ml ungesüßte Kokos-
milch (aus der Dose)

Zubereitungszeit: 30 Min.

Pro Portion ca.: 471 kcal
24 g EW/8 g F/75 g KH

1 Die Nudeln in reichlich Salzwasser nach
Anleitung bissfest
kochen, dann abgießen.

2 Die Chilischote wa-
schen, putzen, längs
halbieren und ohne die
Samen in feine Streifen
schneiden. Den Lauch
putzen, längs aufschlit-
zen, waschen und in
Streifen schneiden.
Den Ingwer schälen
und klein schneiden.
Die Hähnchenbrust in
etwa 1 1/2 cm breite
Streifen schneiden, sal-
zen und pfeffern. Den

Mais abtropfen lassen.
Den Schnittlauch wa-
schen, trockentupfen
und in feine Röllchen
schneiden.

3 Den Wok, dann das
Öl erhitzen. Die Hähn-
chenstreifen darin bei
mittlerer Hitze in 4 Min.
goldbraun braten. Den
Lauch in die Mitte des
Woks geben und in
2 Min. glasig dünsten.
Chili, Ingwer und Mais
dazugeben und 2 Min.
unter Rühren anbraten.
Alles vermischen.

4 Die Brühe und die
Kokosmilch zugießen,
aufkochen lassen und
zugedeckt 3 Min. kö-
cheln lassen. Die Nu-
deln darin heiß werden
lassen, salzen und pfef-
fern. Mit Schnittlauch-
röllchen bestreut ser-
vieren.

VARIANTE

Für eine festliche Gelegenheit können Sie das Gericht
auch mit 150 g Scampi mit
Schale anrichten. Dafür die
Scampi vom Darm befreien
und vor dem Hähnchen-
fleisch 4 Min. unter Rühren
im Wok braten, dann warm
stellen und mit den Nudeln
zugeben.

Entenbrust mit Auberginenreis

● Gelingt leicht
● Für Gäste

Für 4 Personen:

2 Auberginen (etwa 600 g)
Salz
1 Zweig Minze
1 1/2 Bund Schnittlauch
1 grüne Chilischote
1 kleine rote Zwiebel
oder 2 Schalotten
300 g Entenbrust
ohne Haut
4 TL Erdnuss- oder Rapsöl
600 g gekochter Reis
(Rezepte Seite 17)
3 EL Aceto Balsamico
2 EL dunkle Sojasauce
Pfeffer
1 EL Honig

Zubereitungszeit: 30 Min.

Pro Portion ca.: 409 kcal
19 g EW/19 g F/42 g KH

1 Die Auberginen wa-
schen, putzen und etwa
1 1/2 cm groß würfeln.
Die Minze und den
Schnittlauch waschen
und trockentupfen.
5 Blättchen in Streifen
und den Schnittlauch
in Röllchen schneiden.
Die Chilischote wa-
schen, längs halbieren
und ohne Samen in
etwa 1/2 cm breite
Streifen schneiden. Die
Zwiebeln oder Schalot-
ten schälen und klein
schneiden. Die Enten-
brust in feine Streifen
schneiden.

2 Den Wok, dann 2 TL
Öl erhitzen. Die Auber-
ginen darin bei mittle-
rer Hitze 5 Min. unter
Rühren anbraten. Die
Zwiebeln in die Mitte
des Woks geben und
glasig braten. Chili,
Minzestreifen und Reis
unterrühren und heiß
werden lassen. Mit 2 EL
Essig, Sojasauce, Salz
und Pfeffer abschme-
cken. Herausnehmen
und warm stellen.

3 Den Wok erneut er-
hitzen und das restliche
Öl erhitzen. Die Enten-
brust darin bei mittle-
rer Hitze 3 Min. unter
Rühren anbraten. Den
Honig zugeben und
1 Min. pfannenrühren.
Mit dem restlichen
Essig ablöschen.

4 Die Entenbrust auf
dem Auberginenreis
verteilen, mit Schnitt-
lauchröllchen und rest-
lichen Minzeblättchen
bestreut servieren. Dazu
passt warmes Baguette-
brot und gemischter
Salat.

**Im Bild vorne: Entenbrust
mit Auberginenreis
Im Bild hinten: Hähnchen
mit Kokosmilch**

Warmer Putensalat mit Nektarine

● Gelingt leicht
● Vitaminreich

Für 4 Personen:

4 TL Erdnussöl
Saft von 1/2 Zitrone
Salz · Pfeffer
250 g Putenschnitzel
1 EL Rosmarin, fein gehackt
50 g Radicchio
1/2 Kopf Batavia
4 Nektarinen

Zubereitungszeit: 15 Min.

Pro Portion ca.: 180 kcal
17 g EW/6 g F/16 g KH

1 2 TL Öl mit Zitronensaft, Salz und Pfeffer verrühren.

2 Die Putenschnitzel in etwa 2 cm breite Streifen schneiden und mit Rosmarin bestreuen. Den Salat putzen, waschen, trockentupfen und in mundgerechte Stücke teilen. Die Nektarinen waschen, vom Stein befreien und achteln.

3 Den Wok, dann das restliche Öl erhitzen. Die Putenstreifen darin bei mittlerer Hitze unter Wenden in 5 Min. goldbraun braten und auf das Abtropfgitter legen.

4 Die Nektarinenachtel unter Wenden im Wok 2 Min. braten. Die Putenstreifen dazugeben und beides zugedeckt kurz stehen lassen.

5 Den Salat mit der Zitronensauce vermischen und auf Teller verteilen. Das Fleisch mit Nektarinen darauf verteilen. Dazu passt ofenwarmes Baguette, Backkartoffeln oder Rösti.

VARIANTEN

Sie können dieses Gericht auch mit frischen Feigen, Pfirsichen oder Mango zubereiten und das Putenschnitzel zur Abwechslung mit Tandoori-Gewürz würzen. Ein feines zusätzliches Aroma ergeben 1–2 EL Mandelblättchen. Dafür die Mandeln vorher im Wok ohne Fett rösten und zum Schluss über den Salat streuen.

Warmer Geflügelsalat mit Chinakohl

● Gelingt leicht
● Fatburner

Für 4 Personen:

1 kleiner Chinakohl (etwa 500 g)
1/2 Ananas (oder 1 Baby-Ananas)
1 kleine rote Zwiebel
300 g Putenschnitzel
1 TL Tandoori-Gewürz (aus dem Reformhaus)
Salz · Pfeffer
1 Bund glatte Petersilie (oder 1 zu 3 gemischt mit Koriandergrün)
100 g Sprossen (Radieschen- oder Alfalfasprossen)
2 TL Honig
2 EL Reisweinessig
4 TL Würzöl (Szetchuanpfefferöl, Rezept Seite 33)

Zubereitungszeit: 30 Min.

Pro Portion ca.: 170 kcal
21 g EW/4 g F/13 g KH

1 Den Chinakohl putzen, vierteln, waschen und in etwa 2 cm breite Streifen schneiden. Die Ananas schälen, vom Strunk befreien und würfeln. Die Zwiebel schälen, halbieren und in feine Streifen schneiden. Die Putenschnitzel in etwa 1 1/2 cm breite Streifen schneiden und mit Tandoori, Salz und Pfeffer würzen. Die Petersilie waschen, trockentupfen und klein schneiden. Die

Sprossen waschen und abtropfen lassen.

2 Den Wok erhitzen und den Honig darin bei mittlerer Hitze goldbraun karamelisieren. Die Ananas darin 2 Min. unter Rühren schwenken, mit Essig ablöschen und 2 Min. garen. Aus dem Wok nehmen und warm stellen.

3 Im Wok 2 TL Öl erhitzen. Chinakohl und Zwiebeln darin glasig braten. Die Petersilie bis auf 1 TL kurz mit durch den Wok wirbeln, salzen und pfeffern. Die Ananas unterrühren, abschmecken und alles warm stellen.

4 Den Wok säubern, erneut erhitzen und darin das restliche Öl erhitzen. Die Putenstreifen bei mittlerer

Hitze 4 Min. unter Rüh-
ren goldbraun rösten.

5 Den Chinakohl auf
Teller verteilen. Das
Putengeschnetzelte,
die Sprossen und die
restliche Petersilie
obenauf geben.

TIPP!

Sprossen können Sie zu
Hause selber ziehen.
Keimfähige Samen gibt
es in großer Auswahl im
Reformhaus oder Biola-
den. Dort erhalten Sie
auch vom einfachen
Keimglas bis zum Keim-
gerät das passende
Zubehör. Frische Spros-
sen und Keimlinge ge-
ben Salaten und schnel-
len Wok-Gerichten
einen Vitaminschub.

**Im Bild vorne: Warmer
Putensalat mit Nektarine
Im Bild hinten: Warmer Ge-
flügelsalat mit Chinakohl**

Wie dekorativ Ihr Wok-Gericht auf den Tisch kommt, entscheiden Sie bereits beim Kleinschneiden.

Zutaten vorbereiten

Sie benötigen ein scharfes Messer oder ein asiatisches Küchenbeil. Alles bleibt in Form, da nichts zerkocht wird. Wichtig ist, dass Sie die Formen so aufeinander abstimmen, dass alle Zutaten ihren Garpunkt gleichzeitig erreichen. Nur dann gerät bei fettarmer Zubereitung alles knackig und saftig. Dabei bleiben die Vitamine und Mineralstoffe erhalten.
So werden für das Garen im Wok sämtliche Zutaten nach Lust und Laune klein geschnitten. Für asiatische Köche ist dies seit jeher eine Art Meditation.

Schneidetechnik

Es macht Spaß, mit Messer oder Küchenbeil zu experimentieren und die verschiedenen Formen auszuprobieren:
• Für runde Scheiben gerade, für ovale schräg schneiden.
• Für Stäbchen die Scheiben in 1 x 1 x 4 cm große Stifte, für Julienne in streichholzdünne Streifen schneiden.
• Für Würfel die Stäbchen gerade schneiden, für Rauten dagegen schräg.
• Beim Rollschneiden Möhren oder Gurken schräg einschneiden, etwas rollen und erneut schräg einschneiden.
• Gezackt schneiden: Zucchini oder Möhren vor dem Schneiden längs einkerben; dann gerade in Scheiben schneiden.

Vegetarische Gerichte

Dekorativ zurecht geschnittene Zutaten

Grundrezepte für die Wok-Küche

Gekochter Reis
Für 4 Portionen 250 g Reis unter kaltem fließendem Wasser klar spülen und in etwa 600 ml kaltem Wasser 15–30 Min. quellen lassen. Im Topf aufkochen lassen, umrühren und bei schwacher Hitze zugedeckt garen. Polierter und der nährstoffreichere parboiled Reis sind in 20 Min. gar, der ballaststoffreiche Naturreis braucht 20–45 Min..

Reis aus dem Wok
Sie können Reis auch im Wok kochen. Das Wasser sollte dann etwa 3 cm über dem Reis stehen. Den Reis zugedeckt unter mehrmaligem Rühren garen.

Gelber Reis
Für 4 Portionen 1 Zwiebel schälen, würfeln und in 1 TL Öl im Wok glasig braten. Dann 250 g Rundkornreis (italienischer Avorio-Reis) darin glasig braten. Mit 600 ml heißer Gemüsebrühe aufgießen, aufkochen lassen und mit Salz und 1/2–1 TL Kurkuma (Gelbwurz) würzen. Den Reis zugedeckt bei schwacher Hitze in 20 Min. garen, dabei gelegentlich umrühren.

Reis mit Hirse
Für dieses koreanische Rezept 200 g Rundkornreis und 50 g Hirse mit warmem Wasser klar spülen. (Die Hirse kann sonst bitter schmecken.) In 600 ml Salzwasser im Wok aufkochen lassen. Zugedeckt bei schwacher Hitze 20 Min. garen, dabei gelegentlich umrühren. Den Herd ausschalten und die Mischung 15 Min. quellen lassen.

Bulgur
Erst den Wok, dann 4 TL Butter erhitzen und 1 EL Tomatenmark untermischen. 300 g Bulgur zugeben und unter Rühren alles vermischen. Mit 900 ml Wasser aufgießen, salzen und aufkochen lassen. Den Bulgur bei mittlerer Hitze unter Rühren 10–15 Min. garen, bis die Flüssigkeit verdampft ist.

Nüsse rösten
Den Wok erhitzen, die Nüsse zugeben und unter Rühren je nach Menge in 5–10 Min. goldbraun rösten. Herausnehmen und abkühlen lassen.

Hühnerbrühe asiatisch
Etwa 1200 g Hühnerkeulen mit der Tranchierschere in kleinere Stücke teilen. Mit 30 g Ingwer in Scheiben, 1 geschälten Zwiebel, 1/2 Möhre und 6 (Szetschuan-)Pfefferkörnern in 2 l Salzwasser 1 Std. zugedeckt bei schwacher Hitze garen. Die Brühe durchsieben und das Fleisch für Arabischen Curryreis mit Gemüse (Rezept Seite 36) verwenden.

Gemüsebrühe
1 Zwiebel schälen, je 100 g Lauch und Sellerie, 200 g Möhren sehr klein schneiden, 1 Bund Petersilie grob klein schneiden. Alles mit 1 Lorbeerblatt, 30 g Ingwer in Scheiben und Pfeffer in 1 l Salzwasser aufkochen lassen. Bei schwacher Hitze zugedeckt 45 Min. garen, dann durchsieben. In kleinen Portionen im Tiefkühlfach aufbewahren.

Diese Zutaten ergeben eine für viele Gerichte verwendbare Gemüsebrühe.

Thailändischer Reis mit Ananas

● Fatburner
● Preiswert

In Thailand heißt dieses Gericht »Galoppierende Pferde« – wohl deshalb, weil die Thailänder den Reis wellenartig über den Ananasscheiben arrangieren, so dass man an Pferdesprünge erinnert wird. Probieren Sie es aus!

Für 4 Personen:

2 Frühlingszwiebeln
1 Möhre
1 rote Paprikaschote
1 Ananas
30 g Cashewnüsse
2 TL Erdnussöl
1/4 l Gemüsebrühe
(Grundrezept Seite 17)
Salz · Pfeffer
1 Prise Zucker
600 g gekochter Reis
(Rezept Seite 17)
1 EL frisch gehackte Minze
oder Koriandergrün

Zubereitungszeit: 30 Min.

Pro Portion ca.: 323 kcal
6 g EW/7 g F/58 g KH

1 Die Frühlingszwiebeln putzen und waschen. Das Weiße halbieren und in Streifen schneiden, das Grüne klein schneiden. Die Möhre putzen, schälen und in streichholzdünne Stifte schneiden. Die Paprikaschote halbieren, putzen, waschen und in dünne Streifen schneiden. Die Ananas schälen, längs vierteln, vom Strunk befreien und in etwa 1 1/2 cm dicke Stücke schneiden.

2 Den Wok erhitzen, die Nüsse darin ohne Fett bei mittlerer Hitze in 1 Min. unter Rühren goldbraun rösten. Aus dem Wok nehmen und beiseite stellen.

3 Den Wok erneut erhitzen, dann das Öl erhitzen. Das Weiße von den Frühlingszwiebeln bei mittlerer Hitze in 1 Min. glasig braten. Die Möhrenstifte und Paprikastreifen in die Mitte des Woks geben und in 4 Min. unter Rühren bissfest rösten. Mit Brühe aufgießen, aufkochen lassen und mit Salz, Pfeffer und Zucker würzen. Den Reis lockern, unterrühren und heiß werden lassen. Das Grün von den Frühlingszwiebeln untermischen.

4 Die Ananasstücke wieder zu Scheiben zusammenlegen. Den Reis darauf verteilen und mit Minze und Cashewnüssen garnieren.

Zitrus-Curry mit Blutorangen

● Preiswert
● Vitaminreich

Für 4 Personen:

2 Blutorangen
2 rosa Grapefruits
1 mittelgroßer Zucchino
2 grüne Paprikaschoten
2 rote Zwiebeln
2 TL Würzöl (Knoblauchöl,
Rezept Seite 33)
2 EL Currypulver
2 Prisen Tandoori-Gewürz
(aus dem Reformhaus)
300 ml Gemüsebrühe
(Grundrezept Seite 17)
Salz · Pfeffer
1 EL Kartoffelstärke oder
1 TL Johannisbrotkernmehl

Zubereitungszeit: 20 Min.

Pro Portion ca.: 113 kcal
3 g EW/3 g F/18 g KH

1 Die Orangen und Grapefruits samt weißer Haut schälen. Die Früchte längs in Spalten schneiden. Den Zucchino waschen, putzen, längs halbieren und in etwa 1/2 cm dicke Scheiben schneiden. Die Paprikaschoten halbieren, putzen, waschen und in etwa 1 1/2 cm große Rauten schneiden. Die Zwiebeln schälen, halbieren und in dünne Streifen schneiden.

2 Zuerst den Wok, dann das Öl erhitzen.
Die Zwiebeln darin unter Rühren bei mittlerer Hitze in 3 Min. glasig braten. Nacheinander Paprikarauten und Zucchinischeiben in die Mitte des Woks einrühren. Mit Curry und Tandoori bestäuben und in 2 Min. bissfest braten.

3 Mit Brühe aufgießen, aufkochen lassen, dann salzen und pfeffern. Die Kartoffelstärke in etwas Wasser anrühren und die Sauce damit andicken. (Johannisbrotkernmehl direkt einrühren.) Die Fruchtspalten untermischen. Mit Reis und gemischtem Salat servieren.

Im Bild vorne: Thailändischer Reis mit Ananas
Im Bild hinten: Zitrus-Curry mit Blutorangen

Gefüllte Kräuterpfann-kuchen

● Preiswert
● Raffiniert

Für 4 Personen:

Für die Pfannkuchen:
2 Bund glatte Petersilie (oder je 1 Bund Petersilie und Koriandergrün)
125 g Weizenmehl (Type 550)
1/2 TL Backpulver
Salz · 1 Ei
1/8 l fettarme Milch
60 ml Mineralwasser
4 TL Erdnussöl
Für die Füllung:
300 g kleine Champignons
300 g Möhren
200 g Petersilienwurzeln oder Staudensellerie
1 Bund Frühlingszwiebeln
1 TL Würzöl (Knoblauchöl, Rezept Seite 33)
200 ml Gemüsebrühe (Grundrezept Seite 17)
1 Prise Cayennepfeffer
Salz
2 EL dunkle Sojasauce

Zubereitungszeit: 45 Min.
Ruhezeit: 20 Min.

Pro Portion ca.: 237 kcal
11 g EW/7 g F/33 g KH

1 Die Petersilie oder den Koriander waschen, trockentupfen und klein schneiden.

2 Das Mehl mit Backpulver und Salz vermischen. Ei, Milch und Mineralwasser mit dem Schneebesen unterrühren und zu einem dünnflüssigen Pfannkuchenteig verrühren. Bei Bedarf etwas Mineralwasser zugeben. Die Petersilie oder den Koriander untermischen. Den Teig 20 Min. im Kühlschrank ruhen lassen.

3 Die Champignons waschen, putzen und vierteln. Die Möhren und Petersilienwurzeln putzen, schälen und rollschneiden (siehe Seite 16). Die Frühlingszwiebeln putzen und waschen. Das Weiße längs halbieren und in dünne Scheiben schneiden. Das Grün in etwa 1 cm große Stücke schneiden und beiseite stellen.

4 Für die Pfannkuchen den Backofen auf 100° vorheizen. Zuerst den Wok erhitzen, dann mit Öl auspinseln. Mit einer Kelle ein Viertel des Teiges in den Wok gießen. Den Pfannkuchen auf beiden Seiten goldbraun backen. Den Wok immer wieder mit Öl auspinseln. Nacheinander 4 Pfannkuchen backen und im Backofen warm stellen.

5 Für die Füllung den Wok erneut erhitzen, und das Öl erhitzen. Das Weiße von den Frühlingszwiebeln darin bei mittlerer Hitze in 3 Min. unter Rühren glasig braten. Bei Bedarf etwas Gemüsebrühe zugießen. Die Möhren, die Champignons und die Petersilienwurzeln nacheinander in die Mitte des Woks geben und darin unter Rühren 2 Min. braten. Mit der Gemüsebrühe aufgießen und aufkochen lassen. Das Zwiebelgrün untermischen. Mit Cayennepfeffer, Salz und Sojasauce abschmecken.

6 Die Pfannkuchen auf vorgewärmte, flache Teller legen, jeweils mit der Füllung belegen und eine Pfannkuchenhälfte über die Füllung klappen. Dazu passt gemischter Salat – angemacht mit einem Dressing aus Zitronensaft, Salz und Pfeffer.

> **TIPP!**
> Der Wok muss bereits für den ersten Pfannkuchen sehr heiß sein, sonst klebt der Teig an. Den Teig im Wok glatt streichen. Den Wok an beiden Griffen fassen und kreisend rütteln. So bewegt sich der Pfannkuchen und klebt nicht an.

VARIANTE

Für eine festliche Gelegenheit passt eine Avocado-Limonen-Sauce gut dazu. Dafür 1 Avocado halbieren und vom Stein befreien. Das Fruchtfleisch aus der Schale lösen und klein schneiden. Mit dem Saft von 1 Limone und 1/4 geriebenen Knoblauchzehe mit dem Pürierstab pürieren. Mit Salz und Pfeffer abschmecken.

Grüner Spargel mit Mozzarella

● Schnell
● Vitaminreich

Für 4 Personen:

600 g grüner Spargel
100 g Johannisbeeren
1/4 Kopf Friséesalat
1 Bund Schnittlauch
1 kleine rote Zwiebel oder 2 Schalotten
1 getrocknete Tomate
200 g Mozzarella
3 TL Olivenöl

Zubereitungszeit: 30 Min.

Pro Portion ca.: 160 kcal
14 g EW/9 g F/6 g KH

1 Den Spargel waschen, schälen und in etwa 3 cm große schräge Stücke schneiden. Die Johannisbeeren vorsichtig waschen, abtropfen lassen und die Beeren abstreifen. Den Salat putzen, waschen, trockentupfen, in kleine Stücke zupfen und auf Teller verteilen. Den Schnittlauch waschen, trockentupfen und in Röllchen schneiden. Die Zwiebel oder Schalotten schälen und klein schneiden. Die Tomate ebenfalls klein schneiden. Den Mozzarella abtropfen lassen, in 1/2 cm dicke Scheiben schneiden und ebenfalls auf Teller verteilen.

2 Zuerst den Wok, dann das Öl erhitzen und den Spargel darin bei mittlerer Hitze 4 Min. unter Rühren dünsten. Zwiebeln in die Mitte des Woks einrühren und in 1 Min. glasig braten. Tomaten untermischen, salzen und pfeffern. Nach 1 Min. die Beeren untermischen und alles 1–2 Min. unter Rühren dünsten. Auf Tellern anrichten. Mit Schnittlauchröllchen bestreut und Baguette servieren.

> **TIPP!**
> Falls Ihnen die Beeren zu sauer sind, alles mit 1 TL Honig mild abschmecken. Da die Beeren sehr ballaststoffreich sind, eignen sie sich sehr gut für die gesunde Küche. Zur Abwechslung können Sie auch einmal 2–3 TL Haselnussöl verwenden, dieses mit den Beeren zugeben. Bei Mozzarella auf den Fettgehalt achten. Vom aromareichen Büffel-Mozzarella reichen bereits kleine Portionen.

Gemüse mit Safran

● Gelingt leicht
● Vitaminreich

Für 4 Personen:

1 kleiner Blumenkohl
2 Möhren (etwa 150 g)
1 Zucchino (ctwa 200 g)
100 g kleine feste Champignons
2 Frühlingszwiebeln
1 Bund glatte Petersilie
4 TL Würzöl (Chiliöl, Rezept Seite 33)
1 g Safran
1 Zweig Rosmarin
Saft von 1 Zitrone
1/4 l Gemüsebrühe (Grundrezept Seite 17)
Salz · Pfeffer

Zubereitungszeit: 30 Min.

Pro Portion ca.: 80 kcal
4 g EW/4 g F/6 g KH

1 Den Blumenkohl putzen, waschen und in kleine Röschen teilen. Die Stiele schälen und in Scheibchen schneiden. Die Möhren putzen und schälen. Den Zucchino putzen. Beides in etwa 1 x 4 cm große Stifte schneiden. Die Champignons waschen, putzen und halbieren. Die Frühlingszwiebeln putzen und waschen. Das Grün in feine Streifen schneiden und zum Garnieren beiseite stellen. Den Rest in etwa 2 cm lange Stücke schneiden. Die Petersilie waschen, trockentupfen und klein schneiden.

2 Zuerst den Wok, dann das Öl erhitzen. Die Frühlingszwiebeln ohne Grün darin glasig braten. Den Blumenkohl zugeben und 3 Min. unter Rühren anbraten. Das übrige Gemüse nach und nach in die Mitte des Woks einrühren: Möhren und Safran in 3 Min. bissfest braten. Die Zucchinistifte und die Champignons, Rosmarin und Petersilie mitdünsten. Mit Zitronensaft und Brühe aufkochen lassen und 3 Min. köcheln lassen. Salzen, pfeffern und mit Zwiebelgrün garnieren. Mit Reis servieren.

> **TIPP!**
> Geben Sie dem Gericht eine asiatische Geschmacksnote, indem Sie mit dem Rosmarin 1 TL Korianderkörner und 1 EL geriebenen Ingwer untermischen.

Im Bild vorne: Grüner Spargel mit Mozzarella
Im Bild hinten: Gemüse mit Safran

Spargel-Fondue und Tomaten-Salsa

● Gelingt leicht
● Für Gäste

Für 4 Personen:

Für die Tomaten-Salsa:
200 g Tomaten
1 rote Zwiebel
1/4 Knoblauchzehe
1 Chilischote
2 EL Honig
Saft von 1 Limone oder
1/2 Zitrone
2 EL Gemüsebrühe
(Grundrezept Seite 17)
Salz · Pfeffer
Für das Fondue:
2 kg Spargel
2 Möhren (etwa 300 g)
400 g kleine Champignons
400 g Brokkoli
1 l Gemüsebrühe
(Grundrezept Seite 17)
Salz · Pfeffer
Ess-Stäbchen oder Draht-löffel

Zubereitungszeit: 30 Min.

Pro Portion ca.: 214 kcal
14 g EW/4 g F/30 g KH

1 Die Tomaten waschen und ohne Stielansätze vierteln. Zwiebel und Knoblauch schälen und klein schneiden. Die Chilischote waschen, längs halbieren, putzen und klein schneiden.

2 Zuerst den Wok erhitzen, dann darin den Honig unter Rühren goldbraun karamelisieren lassen. Zwiebeln, Knoblauch, Chili und Tomaten 1 Min. darin dünsten. Mit Limonen- oder Zitronensaft und Brühe ablöschen. Mit Salz und Pfeffer abschmecken. In einer Schüssel erkalten lassen.

3 Den Spargel waschen, schälen und quer halbieren. Die Möhren putzen, schälen, vierteln und ebenfalls quer halbieren. Die Champignons nur waschen und putzen. Den Brokkoli waschen, putzen und in Röschen teilen. Die Stiele schälen und in etwa 1/2 cm dicke Stifte schneiden.

4 Den Wok erhitzen. Die Gemüsebrühe darin aufkochen lassen, salzen, pfeffern und bei schwacher Hitze köcheln lassen – am besten auf einem Rechaud am Tisch. Mit Ess-Stäbchen oder Drahtlöffeln die Gemüse 6–8 Min. in die Brühe halten, bis sie gar sind. Tomaten-Salsa, Ananas-Ingwer-Relish (Rezept Seite 33) und Avocado-Limonen-Sauce (Rezept Seite 20) servieren.

Spargel mit Tofu

● Raffiniert
● Schnell

Für 4 Personen:

1 kg Spargel
300 g Fingermais (frisch oder aus dem Glas)
2 rote Zwiebeln
1 Bund glatte Petersilie
200 g Tofu
4 TL Würzöl (Szetchuan-pfefferöl, Rezept Seite 33)
150 ml Gemüsebrühe (Grundrezept Seite 17)
7 EL dunkle Sojasauce
Salz · Pfeffer

Zubereitungszeit: 30 Min.

Pro Portion ca.: 165 kcal
11 g EW/6 g F/16 g KH

1 Den Spargel waschen, schälen und schräg in etwa 5 cm große Stücke schneiden. Den Fingermais schräg halbieren. Die Zwiebeln schälen, halbieren und in dünne Streifen schneiden. Die Petersilie waschen, trockentupfen und klein schneiden. Den Tofu klein würfeln.

2 Zuerst den Wok, dann das Öl erhitzen. Die Zwiebelstreifen darin bei mittlerer Hitze in 3 Min. unter Rühren glasig braten. Spargel und Mais portionsweise in die Mitte des Woks geben und unter Rühren glasig braten. Mit Gemüsebrühe aufgießen, aufkochen lassen und zugedeckt 6 Min. schmoren.

3 Den Tofu untermischen und zugedeckt einmal aufkochen lassen. Den Wok vom Herd nehmen. Mit Sojasauce, Salz und Pfeffer würzen. Die Petersilie unterrühren. Mit gelbem Reis oder Bulgur (Rezepte Seite 17) servieren.

V A R I A N T E

Sie können auch nur die Hälfte Spargel verwenden und die andere Hälfte durch 250 g schräg halbierte Kaiser- oder Zuckerschoten ersetzen. Diese dann mit dem Mais zugeben. Oder Sie ersetzen den Spargel durch Blumenkohl-, Brokkoli- oder Romanesco-Röschen.

Im Bild vorne: Spargel mit Tofu
Im Bild hinten: Spargel-Fondue mit Tomaten-Salsa

Gefüllte Aubergine

- Raffiniert
- Gelingt leicht

Für 4 Personen:

| 1 Aubergine |
| Salz |
| 2 rote Zwiebeln |
| 100 g Schafkäse |
| 2 TL Oregano |
| Pfeffer |
| 300 g Rucola |
| 250 g Kirschtomaten |
| 2 EL Aceto Balsamico |
| 2 TL Würzöl (Knoblauchöl, Rezept Seite 33) |
| 6 EL Brühe (Grundrezepte Seite 17) |

Zubereitungszeit: 20 Min.

Pro Portion ca.: 144 kcal
9 g EW/6 g F/13 g KH

1 Die Aubergine waschen, putzen, längs in 8 Scheiben schneiden und salzen. Die Zwie-
beln schälen und würfeln. Den Schafkäse in 8 Scheiben schneiden. Mit 1 TL Oregano und Pfeffer würzen. Die Auberginen abtupfen, mit Käse belegen und einrollen. Rucola waschen, putzen und zerteilen. Die Tomaten waschen, halbieren, mit dem restlichen Oregano würzen.

2 Die Röllchen mit 1 TL Würzöl bepinseln. Den Wok erhitzen und mit 1 TL Öl bepinseln. Die Auberginen darin in 3 Min. bräunen; dabei 3 EL Brühe zugeben. Aus dem Wok nehmen und warm halten.

3 Die restliche Brühe erhitzen. Erst Rucola, dann Tomaten darin schwenken, salzen und pfeffern.

Kartoffeln mit Kräuter- mousse

- Preiswert
- Gelingt leicht

Für 4 Personen:

Für die Kartoffeln:	
1,2 kg kleine fest kochende Kartoffeln (Drillinge)	
Für die Mousse:	
1 Bund Schnittlauch	
1 Bund Koriandergrün	
1 Bund glatte Petersilie	
300 g fettarmer Joghurt	
300 g Magerquark	
Saft von 1 Zitrone	
Salz · Pfeffer	

Zubereitungszeit: 30 Min.

Pro Portion ca.: 294 kcal
19 g EW/1 g F/51 g KH

1 Die Kartoffeln waschen und kräftig bürsten, größere längs vierteln.

2 In den Wok so viel Wasser gießen, dass der Dämpfeinsatz unmittelbar über dem Wasser steht. Das Wasser aufkochen lassen. Die Kartoffeln im Dämpfeinsatz in den Wok stellen und zugedeckt bei schwacher Hitze in 25 Min. garen. (Eventuell heißes Wasser nachgießen.) Die Kartoffeln pellen.

3 Inzwischen die Kräuter waschen, trockentupfen und klein schneiden. Mit dem Joghurt im Mixer pürieren. Den Kräuterjoghurt mit dem Schneebesen unter den Quark rühren und mit Zitronensaft, Salz und Pfeffer abschmecken. Mit den Kartoffeln servieren. Dazu passt gemischter Salat und eingelegter Hering.

Fenchel mit Fingermais und Spinat

● Preiswert
● Vitaminreich

Für 4 Personen:

400 g Fenchel	
150 g Fingermais (frisch oder aus dem Glas)	
150 g Möhren	
100 g Spinat	
250 g Kirschtomaten	
1 kleine rote Zwiebel	
2 Knoblauchzehen	
4 TL Würzöl (Chiliöl, Rezept Seite 33)	
Saft von 1 Limone	
Salz · Pfeffer	

Zubereitungszeit: 30 Min.

Pro Portion ca.: 198 kcal
7 g EW/5 g F/31 g KH

1 Das Gemüse waschen und putzen. Den Fenchel halbieren und in dünne Streifen schneiden. Den Mais schräg in 4 Stücke teilen. Die Möhren schälen und in dünne Stifte schneiden. Den Spinat ohne Stiele in etwa 2 cm breite Streifen schneiden. Die Tomaten vierteln. Die Zwiebel schälen und in Ringe schneiden. Den Knoblauch schälen und hacken.

2 Zuerst den Wok, dann 3 TL Würzöl erhitzen. Die Zwiebeln darin bei mittlerer Hitze glasig braten. Das Gemüse nacheinander in die Mitte des Woks einrühren: Fenchel und Mais unter Rühren 4 Min., Möhren 1 Min. mitbraten. Tomaten, Knoblauch und Spinat durch den Wok schwenken. Mit Limonensaft, Salz, Pfeffer und dem restlichen Würzöl würzen. Dazu passt Reis.

Fenchel mit Orangensaft

● Vitaminreich
● Gelingt leicht

Für 4 Personen:

400 g Fenchel	
200 g Kirschtomaten	
150 g Sojabohnensprossen	
300 g Rucola	
4 Pfirsiche	
2 TL Würzöl (Chiliöl, Rezept Seite 33)	
150 ml frisch gepresster Orangensaft	
Salz · Pfeffer	
1 EL Honig	
1 Spritzer Essig	
Saft von 2 Limonen oder 1 Zitrone	

Zubereitungszeit: 30 Min.

Pro Portion ca.: 174 kcal
8 g EW/3 g F/28 g KH

1 Gemüse und Obst waschen. Den Fenchel putzen, vom Strunk befreien und in dünne Streifen schneiden. Die Tomaten vierteln. Sprossen und Rucola getrennt abtropfen lassen. Die Pfirsiche entsteinen und in Spalten schneiden.

2 Würzöl, Orangensaft und Fenchel im Wok aufkochen lassen. Den Saft zur Hälfte einkochen lassen. Die Sprossen unterrühren, salzen und pfeffern und zugedeckt aufkochen lassen.

3 Den Wok vom Herd nehmen. Mit Honig, Essig, Limonensaft, Salz und Pfeffer abschmecken. Die Pfirsiche und Tomaten untermischen. Den Rucola und den Fenchel auf Teller verteilen: Hirse oder gelben Reis (Rezept Seite 17) als Beilage dazu servieren.

Rotkohl mit Maronen-gnocchi

● Raffiniert
● Gut vorzubereiten

Für 4 Personen:

Für die Gnocchi:
600 g mehlig kochende Kartoffeln
150 g Maronen
Salz
170 g Mehl (Type 550)
1 Prise Muskatnuss
Pfeffer
4 TL Sonnenblumenöl
Für den Rotkohl:
1 kleiner Rotkohl (etwa 600 g)
1/2 Mango ohne Stein
2 Zwiebeln
150 ml Gemüsebrühe (Grundrezept Seite 33)
2 TL Thymianblättchen
Salz · Pfeffer

Zubereitungszeit: 1 Std.

**Pro Portion ca.: 375 kcal
10 g EW/5 g F/70 g KH**

1 Die Kartoffeln waschen, schälen und vierteln. Die Maronen kreuzweise einritzen. Kartoffeln und Maronen getrennt bei schwacher Hitze von Wasser bedeckt in 20 Min. zugedeckt garen; das Wasser für die Kartoffeln salzen.

2 Den Rotkohl putzen, achteln, waschen und ohne Strunk quer in dünne Streifen schneiden. Die Mango schälen und das Fruchtfleisch 2 cm groß würfeln. Die Zwiebeln schälen, halbieren und in dünne Streifen schneiden.

3 Die Kartoffeln abgießen und ausdampfen lassen. Die Maronen schälen. Beides pürieren und mit Mehl, Muskat, Salz und Pfeffer vermengen. Daraus 4 etwa 2 cm dicke Rollen formen und etwa 4 cm lange Stücke abschneiden. Diese mit der Gabel eindrücken.

4 Reichlich Salzwasser zum Kochen bringen. Die Gnocchi darin einmal aufsteigen lassen und abgießen.

5 Zuerst den Wok, dann das Öl erhitzen. Die Gnocchi darin portionsweise bei mittlerer Hitze je Seite in 2 Min. braten und warm stellen.

6 Den Wok erneut erhitzen. Den Rotkohl und die Zwiebeln darin 2 Min. schwenken. Mit Brühe aufgießen, die Mango untermischen und alles 2 Min. köcheln lassen. Mit Thymian, Salz und Pfeffer würzen. Mit den Gnocchi servieren.

Mangold mit Steinpilz-Champignons

● Gelingt leicht
● Schnell

Für 4 Personen:

Salz
100 g Glasnudeln
1 TL Sesamöl
600 g Mangold
4 Zwiebeln
400 g Steinpilz-Champignons (Egerlinge)
2 TL Sonnenblumenöl
Pfeffer
100 ml Gemüsebrühe (Grundrezept Seite 17)
1 EL gehacktes Koriandergrün oder glatte Petersilie
100 ml dunkle Sojasauce

Zubereitungszeit: 30 Min.

**Pro Portion ca.: 179 kcal
10 g EW/4 g F/25 g KH**

1 Reichlich Salzwasser aufkochen lassen. Die Nudeln darin 5 Min. kochen; dann in ein Sieb abgießen, abtropfen lassen und mit Sesamöl vermischen.

2 Den Mangold waschen und putzen. Die Mangoldstiele längs in 1/2 cm dünne Streifen und dann schräg in Rauten schneiden. Die Blätter längs achteln und in dünne Streifen schneiden. Die Zwiebeln schälen, halbieren und in dünne Streifen schneiden. Die Pilze waschen, putzen und achteln.

3 Zuerst den Wok, dann das Öl erhitzen. Die Zwiebeln darin bei mittlerer Hitze in 2 Min. glasig braten. Die Pilze und die Mangoldstiele darin unter Rühren 3 Min. braten, bis die Flüssigkeit verdunstet ist. Mit Salz und Pfeffer würzen. Das Gemüse in einer Schüssel warm stellen.

4 Die Gemüsebrühe im Wok aufkochen. Die Mangoldblätter darin 2 Min. garen. Das Gemüse unterrühren und aufkochen lassen. Nudeln, Koriander oder Petersilie und Sojasauce untermischen. Nochmals abschmecken und heiß servieren. Dazu passt Reis (Rezept Seite 17).

**Im Bild vorne: Rotkohl mit Maronengnocchi
Im Bild hinten: Mangold mit Steinpilz-Champignons**

Rosenkohl mit Haselnüssen

● Preiswert
● Gelingt leicht

Für 4 Personen:

600 g Rosenkohl
1 kleine Chilischote
4 rote Zwiebeln
200 g Süßkartoffeln oder Möhren
1 TL Würzöl (Knoblauchöl, Rezept Seite 33)
40 g Haselnüsse, grob gehackt
200 ml Gemüsebrühe (Grundrezept Seite 17)
Salz · Pfeffer

Zubereitungszeit: 30 Min.

Pro Portion ca.: 146 kcal
8 g EW/8 g F/10 g KH

1 Den Rosenkohl waschen, putzen und halbieren. Die Chilischote waschen, längs halbieren, putzen und in dünne Streifen schneiden. Die Zwiebeln schälen und achteln. Die Süßkartoffeln schälen und etwa 2 cm groß würfeln. (Möhren putzen, schälen und 1 cm groß würfeln.)

2 Zuerst den Wok erhitzen, dann mit Würzöl auspinseln. Die Zwiebeln, Chili und Haselnüsse darin bei mittlerer Hitze in 2 Min. unter Rühren glasig braten. Rosenkohl und Süßkartoffeln oder Möhren nacheinander in die Mitte des Woks einrühren und 1 Min. wenden.

3 Mit Gemüsebrühe aufgießen und aufkochen lassen. Mit Salz und Pfeffer abschmecken. Zugedeckt 5 Min. bei schwacher Hitze schmoren lassen, dabei ab und zu umrühren. Dazu passen Kartoffeln.

TIPP!

Dieses Gericht ist Health-Food pur: Rosenkohl, Chili, Süßkartoffeln oder Möhren sind geeignete Lebensmittel zur Senkung des Blutcholesterinspiegels. Dies gilt auch für Haselnüsse, wenn sie in kleinen Portionen gegessen werden, wie hier bei diesem Rezept. In dieser Kombination und zudem im Wok zubereitet erhalten Sie ein leckeres Essen, das schlank macht.

Schwarzwurzeln mit Tofu

● Preiswert
● Gelingt leicht

Für 4 Personen:

1/2 Ananas (etwa 200 g)
1 grüne Paprikaschote (etwa 200 g)
200 g Tofu
600 g Schwarzwurzeln
1 TL Würzöl (Szetschuanpfefferöl, Rezept Seite 33)
1 TL Gelbwurz
200 ml Gemüsebrühe (Grundrezept Seite 17)
Saft von 1/2 Zitrone
1 TL Honig

Zubereitungszeit: 20 Min.

Pro Portion ca.: 105 kcal
6 g EW/4 g F/9 g KH

1 Die Ananas schälen, vierteln und vom Strunk befreien. Die Viertel in 2 cm große Würfel schneiden. Die Paprikaschote halbieren, putzen, waschen und in etwa 2 cm große Rauten schneiden. Den Tofu etwa 1 cm groß würfeln.

2 Die Schwarzwurzeln waschen, bürsten und sorgfältig schälen. (Dabei am besten Handschuhe anziehen, damit sich die Hände nicht braun färben.) Die Schwarzwurzeln gründlich abspülen und schräg in etwa 2 cm breite Scheiben schneiden.

3 Den Wok erhitzen, dann mit Öl auspinseln. Die Schwarzwurzeln darin in 3 Min. glasig braten. Mit Gelbwurz bestäuben und mit Gemüsebrühe aufgießen. Aufkochen und 3 Min. köcheln lassen. Paprika und Ananas untermischen und weitere 3 Min. garen, dabei gelegentlich umrühren. Tofu unterrühren und mit Zitronensaft und Honig abschmecken. Mit Bulgur, Reis oder Kartoffeln servieren.

VARIANTE

Im Frühling können Sie statt Schwarzwurzeln weißen oder grünen Spargel verwenden. Letzteren kombinieren Sie dann statt mit grüner Paprikaschote mit roter oder gelber.

Im Bild vorne: Schwarzwurzeln mit Tofu
Im Bild hinten: Rosenkohl mit Haselnüssen

Würzen und Aromatisieren ist in der fettarmen Wok-Küche besonders wichtig. Was Sie nämlich an Fett als Geschmacksträger weglassen, müssen Sie an Aroma oder pikanter Schärfe auf andere Art wieder zugeben.

Frisch und pikant

• Chilischoten oder Peperoni gibt es in verschiedenen Sorten - von mild bis sehr scharf. Besonders scharf sind die Samen. Nur einen Hauch von Schärfe verleiht einem Gericht eine ganze Chilischote, die nur kurz mitgegart werden muss.
• Ingwer - geschält und frisch zerkleinert - gibt Gerichten ein würzig scharfes Aroma. Fest in dickes Papier verpackt, hält sich frischer Ingwer im Kühlschrank mehrere Wochen. Im Asienladen gibt es spezielle Ingwerreiben.
• Zitronengras entfaltet sein intensives Zitronenaroma, wenn Sie den dicken Halm vor dem Zerkleinern zerquetschen. Ersatzweise können Sie Zitronenschale verwenden.
• Koriandergrün hat ein schwach anisartiges Aroma. Manchmal ist es schwer erhältlich, lässt sich aber aus Samen in Blumentöpfen problemlos ziehen. Glatte Petersilie ist eine Alternative dazu.
• Sojabohnensprossen werden häufig auch frisch angeboten. Sie halten 3–4 Tage im Kühlschrank in einer luftdurchlässigen Plastiktüte. Keimlinge aus der Dose werden knackiger, wenn sie vor dem Garen 1 Std. in kaltem Wasser im Kühlschrank stehen.

Frische Würze: Zitronengras, Ingwer, Kräuter und Chili.

Würziges mit Fleisch und Fisch

Grundöle

Die hohen Temperaturen im Wok erfordern hitzebeständige Öle, deshalb ist raffiniertes Rapsöl besonders gut geeignet.

Da Rapsöl geschmackneutral ist, werden die Zutaten schön knusprig, aber behalten dennoch ihren eigenen Geschmack.
Rapsöl ist so für herzhafte als auch für süße Gerichte geeignet. Ebenso kann man Rapsöl wie bei nebenstehenden Rezepten durch Zugabe von Gewürzen sehr gut aromatisieren. Auch ernährungsphysiologisch ist Rapsöl interessant, denn es ist mit einem Anteil von 94 % ungesättigter Fettsäuren Spitzenreiter unter den Ölen. Das kaltgepresste Rapsöl, mit seinem nussigen Geschmack, ist dagegen für kalte Zubereitungen wie Salate geeignet.

Grundsaucen

Soja-, Fisch- und Austernsauce lassen sich fast überall kaufen. Hier ein nicht alltägliches Rezept:

Ananas-Ingwer-Relish passt sehr gut zu vegetarischen Gerichten und Geflügel. Dafür 300 g Ananas und 1 rote Zwiebel in kleine Würfel schneiden. 1 Stück Ingwer, etwa 3 cm, fein raspeln. Erst den Wok, dann 1 TL Szetschuanpfefferöl darin erhitzen. Ananas, Zwiebeln und Ingwer darin 1 Min. unter Rühren anbraten und mit je 2 EL Gemüsebrühe und Reisweinessig ablöschen. Mit je 1 Prise Zimtpulver, Cayennepfeffer und Salz abschmecken. Das Relish in eine Schüssel füllen und erkalten lassen.

Würzöle selbst gemacht

Damit Ihre Würzöle fein und frisch schmecken, bereiten Sie am besten nur kleine Mengen zu. Die Öle kühl stellen.

Curryöl
Verrühren Sie die Currymenge, die im Rezept angegeben ist, am Tag vorher mit etwas Rapsöl.

Knoblauchöl
4 Knoblauchzehen schälen und in Scheiben schneiden. Erst den Wok, dann 1 EL Erdnuss- oder Rapsöl erhitzen. Den Knoblauch darin unter Rühren goldbraun braten, dann abkühlen lassen. In einem Schraubglas mit 1/8 l Öl aufgießen. Gut verschlossen hält es sich 3 Wochen.

Chiliöl
Erst den Wok erhitzen, dann bei schwacher Hitze 1/8 l Erdnussöl mit 3 EL klein geschnittenen, getrockneten roten Chilis unter Rühren 10 Minuten erhitzen. Über Nacht in einem Schraubglas ziehen lassen, absieben und kühl stellen. So hält es sich 3 Monate.

Szetschuanpfefferöl
Erst den Wok erhitzen, dann bei schwacher Hitze 2 TL Szetschuanpfefferkörner darin 1-2 Min. ohne Fett rösten. 1/8 l Erdnuss- oder Rapsöl unter Rühren zugeben und 5 Min. erhitzen, bis sie dunkel werden. Das Würzöl in ein Schraubglas absieben. Die Körner für Eintöpfe verwenden. Das Öl hält sich im Kühlschrank 2 Monate.

Sie geben Aroma: Austernsauce (1), Fischsauce (2), Sojasauce (3), Chilisauce (4), Szetschuanpfefferöl (5), Curryöl (6), Knoblauchöl (7), Ananas-Ingwer-Relish (8)

Vietnamesisches Gemüse mit Pute

● Preiswert
● Fatburner

Für 4 Personen:

6 getrocknete Tongkupilze
150 g tiefgekühlte Erbsen
2 rote Zwiebeln
200 g Putenschnitzel
100 g Bambussprossen
8 Blätter Chinakohl
1 rote Paprikaschote
400 g Sojabohnensprossen
4 TL Würzöl (Knoblauchöl, Rezept Seite 33)
Salz · Pfeffer

Zubereitungszeit: 35 Min.
Einweichzeit: 30 Min.

Pro Portion ca.: 180 kcal
22 g EW/5 g F/12 g KH

1 Die Pilze von heißem Wasser bedeckt etwa 30 Min. einweichen; ohne Stiele vierteln.

2 Die Erbsen auftauen lassen. Zwiebeln schälen und halbieren. Zwiebeln, Schnitzel und Sprossen in dünne Streifen schneiden.

3 Den Chinakohl waschen, trockentupfen und in fingerbreite etwa 5 cm lange Streifen schneiden. Die Paprika vierteln, putzen, waschen und in Streifen schneiden. Die Sojabohnen waschen und abtropfen lassen.

4 Zuerst den Wok, dann 2 TL Würzöl erhitzen. Das Fleisch darin bei mittlerer Hitze unter Rühren in 5 Min. goldbraun braten und beiseite stellen.

5 Das restliche Würzöl im Wok erhitzen und die Zwiebeln darin unter Rühren glasig braten. Die Sprossen untermischen und beides 7 Min. pfannenrühren. Den Chinakohl in die Mitte des Woks einrühren und alles 7 Min. schwenken. Salzen und pfeffern.

6 Nach und nach in die Mitte des Woks Paprikastreifen, Pilze, Erbsen und Sprossen einrühren und unter ständigem Rühren in 5 Min. glasig braten. Das Putenfleisch untermischen. Mit Fischsauce sofort servieren.

TIPP!

Für die Sauce 3 EL konzentrierte Fischsauce mit 12 EL Wasser verdünnen und mit 2 EL Zucker sowie 1 EL Zitronensaft würzen.

Hähnchenbrust mit Mangold

● Für Gäste
● Fatburner

Für 4 Personen:

200 g Hähnchenbrustfilet ohne Haut
250 g Mangold
150 g Staudensellerie
2 Schalotten oder 1 kleine rote Zwiebel
1 Knoblauchzehe
2 (Blut-)Orangen
2 TL Olivenöl
1 EL Reisweinessig
150 ml Hühnerbrühe (Grundrezept Seite 17)
1 EL dunkle Sojasauce
Salz · Pfeffer
20 g gehackte Walnüsse

Zubereitungszeit: 30 Min.

Pro Portion ca.: 220 kcal
18 g EW/8 g F/17 KH

1 Das Hähnchenbrustfilet in Streifen schneiden. Das Gemüse waschen und putzen. Vom Mangold das Weiße in etwa 1 1/2 cm große Rauten schneiden, das Blattgrün längs halbieren und in Streifen schneiden. Den Sellerie in Scheiben schneiden. Zwiebeln und Knoblauch schälen und klein schneiden.

2 Die Orangen samt heller Haut schälen. Das Fruchtfleisch in Spalten schneiden.

3 Zuerst den Wok, dann das Olivenöl erhitzen. Die Hähnchenstreifen darin bei mittlerer Hitze unter Rühren in 4 Min. hellbraun anbraten und auf das Abtropfgitter legen.

4 Zwiebeln und Knoblauch glasig braten. Den Mangold und Staudensellerie unterrühren und in 4 Min. glasig braten. Mit Essig, Brühe und Sojasauce ablöschen und zugedeckt 5 Min. schmoren lassen. Dabei gelegentlich umrühren.

5 Orangen und Hähnchenstreifen unterrühren, salzen und pfeffern. Das Gericht 1 Min. ruhen lassen, die Walnüsse untermischen und mit Reis servieren.

Im Bild vorne: Vietnamesisches Gemüse mit Pute
Im Bild hinten: Hähnchenbrust mit Mangold

Arabischer Curryreis mit Gemüse und Huhn

● Gut vorzubereiten
● Für Gäste

Für 4 Personen:

Für die Brühe:
2 Hühnerkeulen
1/2 Zwiebel
1/4 Möhre
1/2 Bund Petersilie
Salz
2 Pfefferkörner
1 Prise Muskatnuss
Für den Curryreis:
1 TL Würzöl (Curryöl, Rezept Seite 33)
50 g reiskorngroße Nudeln (griechische Nudeln oder zerbrochene Spaghetti)
200 g Basmatireis
Salz
1/2 TL Currypulver
1/4 TL Zimtpulver
Für das Gemüse:
200 g tiefgekühlte Erbsen
250 g Kartoffeln
200 g Champignons
200 g Möhren
1 TL Würzöl (Chiliöl, Rezept Seite 33)
2 EL Mandelstifte
Salz · Pfeffer
Zum Fertigstellen:
1 TL Würzöl (Rezept Seite 33)
80 g Rosinen
Salz · Pfeffer
1 TL Currypulver
1 Prise Zimtpulver

Zubereitungszeit: 50 Min.

Pro Portion ca.: 500 kcal
29 g EW/6 g F/82 g KH

1 Die Hühnerkeulen enthäuten und in kleinere Stücke schneiden.

Zwiebel und Möhre schälen. Alles mit Petersilie, Salz, Pfeffer und Muskat in 3/4 l Wasser zugedeckt bei schwacher Hitze in 30 Min. garen. Die Brühe durchsieben und das Fleisch von den Knochen lösen. (Kann vorbereitet werden.)

2 Erst den Wok, dann 1 TL Curryöl erhitzen. Die Nudeln darin bei mittlerer Hitze in 5 Min. braun braten.

3 Den Reis mit den Nudeln in einen Topf geben, mit 600 ml Wasser aufgießen und mit Salz, Curry und Zimt würzen. Aufkochen lassen und zugedeckt nach Packungsangaben 20-45 Min. garen. (Kann vorbereitet werden.)

4 Die Erbsen auftauen lassen. Die Kartoffeln

waschen und kräftig bürsten. Die Champignons waschen, putzen, und sechsteln. Die Möhren putzen, schälen und in 1/2 cm dicke Scheiben schneiden.

5 Erst den Wok, dann 1 TL Chiliöl erhitzen. Die Mandeln darin bei mittlerer Hitze goldbraun rösten, dann herausnehmen. Die Champignons im Wok anbraten, bis die Flüssigkeit verdampft ist. Die Pilze salzen, pfeffern, aus dem Wok nehmen und warm stellen. (Kann vorbereitet werden.)

6 Inzwischen die Kartoffeln nach Belieben schälen und in etwa 1 cm große Würfel schneiden. Den Wok, dann 1 TL Würzöl erhitzen. Die Kartoffeln darin 3 Min. unter Rühren anbraten. Mit dem Spatelgriff in die Mitte ein Loch machen und nach und nach 8 EL Brühe hineingießen. Möhren

und Erbsen unterrühren, 5 Min. pfannenschwenken, dann salzen und pfeffern. Die Möhren sollen bissfest sein. Aus dem Wok nehmen und warm stellen.

7 Den Wok erneut erhitzen und darin 1 TL Würzöl erhitzen. Die Rosinen darin 1 Min. pfannenrühren. 5 EL Hühnerbrühe zugeben und das Hähnchenfleisch darin aufwärmen. Mit Salz, Pfeffer, Curry und Zimt würzen. Den Curryreis untermischen. Das Gemüse und die Champignons und nach Belieben die restliche Brühe unterrühren. Mit Mandeln bestreut und heißem Fladenbrot servieren.

Lammfilet mit Austernpilzen

● Gelingt leicht
● Für Gäste

Für 4 Personen:

400 g Kaiserschoten
400 g Austernpilze
2 rote Zwiebeln
1 Stange Zitronengras
4 TL Würzöl (Knoblauchöl, Rezept Seite 33)
40 g Buchweizen
4 EL Brühe nach Bedarf (Grundrezepte Seite 17)
Salz · Pfeffer
8 Lammfilets
4 EL dunkle Sojasauce

Zubereitungszeit: 30 Min.

Pro Portion ca.: 360 kcal
48 g EW/10 g F/18 g KH

1 Die Kaiserschoten putzen und waschen. Die Pilze waschen und die dicken Strünke entfernen. Die Zwiebeln schälen, halbieren und in dünne Streifen schneiden. Mit dem Messergriff auf das Zitronengras klopfen, dabei etwas zerquetschen; dann in dünne Scheiben schneiden.

2 Zuerst den Wok, dann 2 TL Würzöl erhitzen. Die Zwiebeln und den Buchweizen darin bei mittlerer Hitze unter Rühren in 3 Min. glasig braten. Die Pilze zugeben und 3 Min.

rühren. Die Kaiserschoten untermischen und alles 2 Min. pfannenrühren. Bei Bedarf mit etwas Brühe ablöschen. Mit Salz und Pfeffer abschmecken. Aus dem Wok nehmen und warm stellen.

3 Den Wok erneut erhitzen und darin das restliche Würzöl erhitzen. Die Lammfilets und das Zitronengras darin bei mittlerer Hitze 4 Min. rösten. Mit Sojasauce ablöschen und aufkochen lassen. Den Wok vom Herd ziehen, zudecken und die Filets 4 Min. ziehen lassen.

4 Das Gemüse zugeben, alles wenden und mit Kartoffeln oder Baguette servieren.

> **TIPP!**
>
> Pilze bringen Aroma in die fettarme Küche. Zuchtpilze, wie Austernpilze, Shiitakepilze, Champignons und Steinpilzchampignons oder Egerlinge, haben den Vorteil, dass sie anders als Wildpilze nicht mit Schadstoffen belastet sind.

Schweinefilet mit Austernsauce

● Gelingt leicht
● Raffiniert

Für 4 Personen:

1 1/2 grüne Paprikaschote
200 g kleine Champignons
4 rote Zwiebeln
1 Bund Frühlingszwiebeln
300 g Schweinefilet
4 TL Würzöl (Knoblauchöl, Rezept Seite 33)
Salz · Pfeffer
300 ml Austernsauce

Zubereitungszeit: 30 Min.

Pro Portion ca.: 202 kcal
22 g EW/6 g F/18 g KH

1 Die Paprikaschote halbieren, putzen, waschen und in etwa 3 cm große Rauten schneiden. Die Champignons waschen, putzen und vierteln. Die roten Zwiebeln schälen, halbieren und in Streifen schneiden. Die Frühlingszwiebeln putzen und waschen. Das Weiße halbieren und in Stückchen schneiden. Das Grün in etwa 2 cm lange Stücke schneiden. Das Schweinefilet in dünne Scheibchen schneiden.

2 Zuerst den Wok, dann 2 TL Würzöl erhitzen. Paprika, Zwiebeln und das Weiße der Frühlingszwiebeln darin

bei mittlerer Hitze in 3 Min. unter Rühren glasig braten. Die Champignons in die Mitte des Woks geben und alles weitere 2 Min. unter Rühren dünsten. Mit Salz und Pfeffer würzen. Das Gemüse in einer Schüssel warm stellen.

3 Den Wok, dann das restliche Würzöl erhitzen. Das Fleisch darin 4 Min. unter Rühren bräunen. Mit Austernsauce ablöschen. Das Zwiebelgrün und das Gemüse untermischen und alles aufkochen lassen. Mit Reis servieren.

> **TIPP!**
>
> Rote Zwiebeln eignen sich sehr gut für die Zubereitung im Wok. Sie sind mild im Geschmack und haben eine zarte Struktur. Aus diesem Grund schmecken sie nicht vor und garen schnell. Ähnliches gilt für die in der asiatischen Küche beliebte Frühlingszwiebel. Ihr Zwiebelgrün wird immer auch verwendet.

Im Bild vorne: Lammfilet mit Austernpilzen
Im Bild hinten: Schweinefilet mit Austernsauce

Lamm-Geschnetzeltes mit Paprika

● Gelingt leicht
● Raffiniert

Für 4 Personen:

500 g Lammrückenfilet
150 g Staudensellerie
je 1 rote und gelbe Paprikaschote
1 kleine rote Zwiebel
2 TL Sonnenblumenöl
1 EL Currypulver
1 TL frisch geriebener Ingwer
Salz · Pfeffer
1 Prise Cayennepfeffer
150 ml Gemüsebrühe (Grundrezept Seite 17)
4 Zweige Minze

Zubereitungszeit: 30 Min.

Pro Portion ca.: 185 kcal
27 g EW/7 g F/4 g KH

1 Das Lammrückenfilet vom Fett befreien, in dünne Scheiben schneiden und in den Kühlschrank stellen.

2 Den Sellerie waschen, putzen und in dünne Scheiben schneiden. Die Paprikaschoten halbieren, putzen, waschen und in etwa 1 1/2 cm große Rauten schneiden. Die Zwiebel schälen, halbieren und in dünne Streifen schneiden.

3 Zuerst den Wok, dann 1 TL Öl erhitzen.

Das Lammgeschnetzelte darin bei mittlerer Hitze rosa braten. Auf einem Teller zugedeckt warm stellen.

4 Den Wok erneut erhitzen, das restliche Öl darin erhitzen. Nach und nach den Sellerie und die Paprika in die Mitte des Woks einrühren und bei mittlerer Hitze in 3 Min. glasig braten. Mit Curry, Ingwer, Salz, Pfeffer und Cayennepfeffer würzen. Mit Brühe aufgießen, aufkochen und alles zugedeckt bei schwacher Hitze 8 Min. garen. Dabei gelegentlich umrühren.

5 Die Minze waschen, trockentupfen und klein schneiden. Mit dem Lammfleisch unter das Gemüse rühren und alles in 3 Min. heiß werden lassen. Mit Reis servieren.

VARIANTE

Eine geschmacklich andere Note erhalten Sie, wenn Sie statt Currypulver 1/4 TL Kardamompulver, 2 TL Kurkuma und 1 TL frisch geriebenen Ingwer verwenden.

Rinderfilet mit Blumenkohl

● Gelingt leicht
● Raffiniert

Für 4 Personen:

400 g Rinderfilet
3 EL Tandoori-Gewürz (aus dem Reformhaus)
1 kleiner Blumenkohl
2 Strauchtomaten
1 Zucchino (etwa 200 g)
1 kleine rote Zwiebel
2 Frühlingszwiebeln
4 TL Sonnenblumenöl
100 ml Brühe (Grundrezepte Seite 17)
150 ml ungesüßte Kokosmilch (aus der Dose)
Salz · Pfeffer

Zubereitungszeit: 30 Min.

Pro Portion ca.: 194 kcal
24 g EW/8 g F/5 g KH

1 Das Filet in etwa 1 x 2 cm große Würfel schneiden und mit Tandoori würzen. Das Gemüse putzen und waschen. Den Blumenkohl in kleine Röschen teilen, die Stiele in kleine Scheiben schneiden. Die Tomaten ohne die Stielansätze in kleine Würfel schneiden. Den Zucchino in etwa 2 cm lange dünne Stifte schneiden. Die rote Zwiebel schälen, halbieren und in dünne Streifen schneiden. Die Frühlingszwiebel putzen und waschen. Das Weiße längs halbieren und in etwa 2 cm große Stücke schneiden. Das Grün in 2 cm lange Stücke schneiden.

2 Zuerst den Wok, dann 2 TL Öl erhitzen. Das Fleisch darin bei mittlerer Hitze unter Rühren 2 Min. braten und auf einen Teller geben.

3 Den Wok erneut erhitzen und das restliche Öl darin erhitzen. Die roten Zwiebeln darin glasig braten. Den Blumenkohl zugeben und unter Rühren 3 Min. braten. Mit Brühe und Kokosmilch aufgießen, alles aufkochen und 5 Min. köcheln lassen. Mit Salz und Pfeffer würzen. Nach und nach das Weiße der Frühlingszwiebeln, die Zucchini und Tomaten untermischen und in 3 Min. garen.

4 Die Filetwürfel kurz darin erwärmen, abschmecken und auf Teller verteilen. Mit dem Zwiebelgrün garnieren und mit Reis servieren.

Im Bild vorne: Rinderfilet mit Blumenkohl
Im Bild hinten: Lamm-Geschnetzeltes mit Paprika

Spinatreis mit Fleischbällchen

● Preiswert
● Gelingt leicht

Für 4 Personen:

2 rote Zwiebeln
500 g Spinat
3 Tomaten
200 g Tatar oder Hackfleisch
2 TL gehackte Petersilie
Salz · Pfeffer
1 TL Tomatenketchup
2 TL Olivenöl
1/8 l Brühe (Grundrezepte Seite 17)
600 g gekochter Reis (Grundrezept Seite 17)
1 TL Paprikapulver, rosenscharf

Zubereitungszeit: 40 Min.

Pro Portion ca.: 266 kcal
17 g EW/24 g F/40 g KH

1 Die Zwiebeln schälen, halbieren und klein schneiden. Den Spinat verlesen, waschen, abtropfen lassen und in etwa 1 cm breite Streifen schneiden. Die Tomaten waschen und ohne die Stielansätze klein würfeln.

2 Das Tatar oder Hackfleisch mit der Petersilie, Salz, Pfeffer und Tomatenketchup vermischen. Dünne Rollen formen und kleine Stücke abschneiden. Daraus kirschgroße Bällchen formen.

3 Zuerst den Wok, dann 1 TL Öl erhitzen. Die Fleischbällchen darin bei mittlerer Hitze unter Wenden 4 Min. rösten. Die Bällchen aus dem Wok nehmen und warm stellen.

4 Den Wok erneut erhitzen. Das restliche Öl erhitzen und die Zwiebeln darin unter Rühren glasig braten. Den Spinat portionsweise unterrühren. Die Bällchen und die Tomatenwürfel unterrühren. Den Reis lockern und mit der Brühe untermischen. Alles aufkochen lassen und mit Salz, Pfeffer und Paprikapulver abschmecken. Zugedeckt 1 Min. stehen lassen. Mit glatt gerührtem festem Joghurt - gewürzt mit Salz und Dill - und warmem Fladenbrot servieren.

Entenstreifen mit Maiskölbchen

● Gelingt leicht
● Für Gäste

Für 4 Personen:

Für die Marinade:
1 kleine Chilischote
2 TL Rosmarinnadeln
1 EL Honig
2 EL dunkle Sojasauce
Saft von 1 Limone
Salz
Für das Gericht:
300 g Entenbrust ohne Haut
250 g Kirschtomaten
200 g Kaiserschoten
150 g Fingermais (frisch oder aus dem Glas)
1 rote Zwiebel
4 TL Olivenöl
100 ml Brühe (Grundrezepte Seite 17)
100 ml dunkle Sojasauce
1 Prise Szetschuanpfeffer
Salz · Pfeffer

Zubereitung: 40 Min.

Pro Portion ca.: 433 kcal
31 g EW/20 g F/63 g KH

1 Die Chilischote waschen, längs halbieren, putzen, klein schneiden und zerdrücken. Die Rosmarinnadeln klein schneiden. Beides mit Honig, Sojasauce und Limonensaft vermischen und salzen. Die Entenbrust in Streifen schneiden. Mit der Marinade vermischen und zugedeckt marinieren lassen.

2 Das Gemüse putzen und waschen. Die Tomaten sechsteln, die Kaiserschoten schräg halbieren und die Maiskölbchen längs dritteln. Die Zwiebel schälen, halbieren und in Streifen schneiden.

3 Zuerst den Wok, dann das Öl erhitzen. Die Entenstreifen darin unter Rühren in 4 Min. bräunen, herausnehmen und warm stellen. Die Zwiebeln im Wok glasig braten. Nach und nach das Gemüse in die Mitte des Woks einrühren: Den Mais kurz anbraten. Die Kaierschoten unter Rühren bissfest braten und die Tomaten untermischen. Alles 4 Min. pfannenrühren.

4 Die Brühe und Sojasauce untermischen. Alles aufkochen lassen und zugedeckt 5 Min. schmoren lassen. Mit Szetschuanpfeffer, Salz und Pfeffer abschmecken. Die Entenstreifen untermischen. Mit Reis oder Nudeln und gemischtem Salat servieren.

VARIANTE

Statt Entenbrust können Sie 400 g mageres Rind- oder Schweinefleisch verwenden. Gut eignen sich auch Putenschnitzel oder vom Knochen gelöstes Fleisch von Hähnchenkeulen.

Im Bild vorne: Spinatreis mit Fleischbällchen
Im Bild hinten: Entenstreifen mit Maiskölbchen

Shrimps mit Spinat

● Gelingt leicht
● Schnell

Für 4 Personen:

500 g Spinat
1 Zucchino (etwa 200 g)
1 Frühlingszwiebel
250 g Erdbeeren
400 g rohe Shrimps ohne Kopf
3 TL Olivenöl
1 TL Sesamöl
Salz · Pfeffer
2 EL Reisweinessig

Zubereitungszeit: 30 Min.

Pro Portion ca.: 183 kcal
24 g EW/6 g F/24 g KH

1 Den Spinat verlesen, waschen, von groben Stielen befreien und abtropfen lassen. Den Zucchino waschen, putzen und in etwa 3 cm lange dünne Stifte schneiden. Die Frühlingszwiebel putzen, waschen und in dünne Röllchen schneiden. Etwas Grün beiseite legen. Die Erdbeeren waschen, putzen und vierteln. Die Shrimps waschen und trockentupfen.

2 Erst den Wok, dann das Olivenöl erhitzen. Die Shrimps darin bei mittlerer Hitze 3 Min. unter Rühren braten und auf das Abtropfgitter legen. Die Frühlingszwiebeln und Zuc-chinistreifen 1 Min. unter Rühren glasig braten. Den Spinat zugeben und mit Sesamöl, Salz und Pfeffer würzen. Alles vermischen, mit Essig beträufeln und schwenken. Auf Teller verteilen, mit Erdbeeren, Shrimps und dem übrigen Grün bestreuen. Gelben Reis (Rezept Seite 17) und warmes Fladenbrot dazu servieren.

TIPP!

Verwenden Sie für dieses Rezept rohe Shrimps. Die bereits gekochten Shrimps, die häufig angeboten werden, werden im Wok ledrig.

Muscheln mit Lorbeer

● Fatburner
● Raffiniert

Für 4 Personen:

3 kg Miesmuscheln
200 g Möhren
200 g Staudensellerie
200 g rote Zwiebeln
1 Bund Frühlingszwiebeln
1 TL Würzöl (Knoblauchöl, Rezept Seite 33)
1/2 l Gemüsebrühe (Grundrezept Seite 17)
4 Lorbeerblätter
Salz · Pfeffer

Zubereitungszeit: 45 Min.

Pro Portion ca.: 122 kcal
12 g EW/4 g F/9 g KH

1 Die Muscheln waschen und bürsten. Geöffnete Muscheln wegwerfen (sie sind verdorben).

2 Das Gemüse waschen und putzen. Die Möhren schälen. Möhren und Sellerie grob klein schneiden. Die Zwiebeln schälen. Die Frühlingszwiebeln putzen und waschen. Beides in grobe Stücke schneiden.

3 Zuerst den Wok, dann das Würzöl erhitzen. Die roten Zwiebeln darin unter Rühren bei mittlerer Hitze glasig braten. Frühlingszwiebeln, Möhren und Sellerie jeweils in die Mitte des Woks geben und unter Rühren in 4 Min. glasig braten. Die Lorbeerblätter zufügen. Mit Brühe aufgießen, alles aufkochen lassen, salzen und pfeffern.

4 Die Muscheln unterrühren und zugedeckt erst aufkochen lassen, dann in 12 Min. garen. Dabei gelegentlich umrühren. Muscheln, die sich beim Kochen nicht geöffnet haben, entfernen (sie sind verdorben). Die Muscheln mit dem Gemüse in tiefen Tellern servieren. Dazu passt gelber Reis (Rezept Seite 17).

Im Bild vorne: Shrimps mit Spinat
Im Bild hinten: Muscheln mit Lorbeer

Gedämpfte Forelle mit grüner Sauce

● Gelingt leicht
● Fatburner

Für 4 Personen:

Für die Forelle:
150 ml Gemüsebrühe
(Grundrezept Seite 17)
4 Forellenfilets
Salz · Pfeffer
2 rote Zwiebeln
1 TL Erdnuss- oder Rapsöl
Für die Sauce:
1 Bund glatte Petersilie
1 Bund Schnittlauch
1 Bund Koriandergrün
300 ml Buttermilch
Saft von 1/2 Zitrone
Salz · Pfeffer

Zubereitungszeit: 20 Min.

Pro Portion ca.: 225 kcal
38 g EW/6 g F/3 g KH

1 Die Brühe im Wok zum Kochen bringen. Die Forellenfilets salzen und pfeffern. Die Zwiebeln schälen und in dünne Ringe schneiden. Die Forellen mit den Zwiebelringen belegen.

2 Den Dämpfeinsatz mit Öl bestreichen und die Forellenfilets einschichten. Den Dämpfeinsatz direkt über die Brühe in den Wok stellen. Die Forellenfilets zugedeckt 8-10 Min. dämpfen.

3 Inzwischen für die Sauce Petersilie, Schnittlauch und Koriander waschen, trockentupfen und klein schneiden. Mit der Buttermilch im Mixer pürieren. Mit Zitronensaft, Salz und Pfeffer abschmecken.

4 Die Forellenfilets auf Teller verteilen und mit der Sauce umgeben. Dazu passen Pellkartoffeln oder Reis und gemischter Salat.

TIPPS!

Wenn die Sauce etwas dickflüssiger sein soll, dann 1 mittelgroße gekochte Kartoffel mit den Kräutern im Mixer pürieren.
Die Fischbrühe nach dem Dämpfen für eine Fischsuppe einfrieren.

Gedämpfte Fischfilets auf Sprossen

● Fatburner
● Raffiniert

Für 4 Personen:

400 g Mangold
200 g Sojabohnensprossen
1 Bund Frühlingszwiebeln
Salz · Pfeffer
150 ml Gemüsebrühe
(Grundrezept Seite 17)
1 TL Erdnuss- oder Rapsöl
4 Weißfischfilets
(Kabeljau oder Seelachs;
je etwa 150 g)

Zubereitungszeit: 30 Min.

Pro Portion ca.: 163 kcal
31 g EW/3 g F/5 g KH

1 Den Mangold putzen und waschen. Das Weiße in etwa 1 cm große Rauten schneiden, die Blätter längs halbieren und in dünne Streifen schneiden. Die Sprossen waschen und abtropfen lassen. Frühlingszwiebeln putzen und waschen. Das Weiße in dünne Ringe schneiden, das Grün der Länge nach halbieren. Mit Salz und Pfeffer würzen.

2 Die Gemüsebrühe im Wok aufkochen lassen. Das Zwiebelgrün darin etwa 1 Min. blanchieren, herausnehmen und mit einem Küchentuch trockentupfen. Den Wok vom Herd nehmen.

3 Die Sprossen zu gleich großen Bällchen häufen und mit dem Zwiebelgrün binden. Den Boden des Dämpfeinsatzes mit Öl bepinseln. Die Sprossenbällchen hineinsetzen und den Fisch darauf verteilen.

4 Den Mangold und das Weiße der Frühlingszwiebeln in der Brühe im Wok erhitzen. Den Dämpfeinsatz über die Brühe setzen und den Fisch zugedeckt 10 Min. dämpfen. Den Dämpfeinsatz herausnehmen und den Mangold mit Salz und Pfeffer abschmecken.

5 Den Mangold mit Sud auf Teller geben. Die Sprossenbällchen und den Fisch darauf verteilen. Dazu passen Kartoffeln, Süßkartoffeln oder Reis und Ananas-Ingwer-Relish (Rezept Seite 33).

**Im Bild vorne: Gedämpfte Fischfilets auf Sprossen
Im Bild hinten: Gedämpfte Forelle mit grüner Sauce**

Süßes aus dem Wok

Spätestens beim Dessert wird mit Blick auf die Linie die Frage laut: »Kann ich mir das noch leisten?« Wer sich an die Low-Fat-Küche hält, kann zugreifen.

Die Low-Fat-Formel

Nach Berechnung der Wissenschaftler sollte der Fettanteil bei 25-30 Prozent der täglich erlaubten Kalorien liegen.
Aber die Rezeptvorschläge in jenen Diätbüchern, in denen jedes Gericht dieser Formel entspricht, verlangen zu viel Disziplin von Ihnen. Einfacher ist es, wenn Sie von Ihrem Tagesbedarf an Fett ausgehen und diese Menge mit Ihrem Verbrauch pro Mahlzeit vergleichen:
• Ein Gemüsegericht mit höherem Fettanteil ergibt mit Reis einen fettarmen Hauptgang.
• Gesund ist ein Salat mit kaltgepresstem Öl. Mit Obst zum Dessert halten Sie wie die Südländer den Fettgehalt des Menüs im Limit.

Rechnen Sie in Gramm statt in Prozent

Dauerhaft schlank bleiben Sie bei einer täglichen Fettmenge von 55-75 Gramm. Bei insgesamt 40-50 Gramm pro Tag nehmen Sie ab.

• Die Hälfte der verzehrten Fettmenge befindet sich versteckt in vielen Nahrungsmitteln, die andere Hälfte bleibt für den Brotaufstrich und zum Kochen.
• Damit die so genannten versteckten Fette nicht mehr als 27-37 Gramm ausmachen, sollten Sie nur fettarme Produkte kaufen.
• Für den raschen Überblick bei den sichtbaren Fetten, denken Sie am besten in Teelöffeln (1 TL = 5 g):
1 TL fürs Frühstück
2-3 TL fürs Mittagessen
2-3 TL fürs Abendessen

Tipp:
Servieren Sie wie die Südländer Brot zum Essen. Es ist fettarm und sättigt.

Dies sind 5 g Fett

Low-Fat-Weekend

Wie wärs mit einer Drei-Tage-Kur - und das Low-Fat aus dem Wok? Probieren Sie »just for fun« die folgenden Vorschläge aus - Frühstück auf asiatisch inbegriffen. Zu fast allen Gelegenheiten passt die köstliche Hühnersuppe:

Hühnersuppe asiatisch

Für 4 Personen 100 g Sojabohnensprossen im Sieb mit kochendem Wasser übergießen. Im heißen Wok 1 TL Chiliöl (Rezept Seite 33) erhitzen, mit 1/2 l Hühnerbrühe aufkochen (nach Belieben mit gekochtem Hähnchenfleisch in Würfeln). 300 g gekochten Reis darin aufwärmen. Die Sprossen in Schalen geben und Suppe darüber gießen. 1 EL Schnittlauchröllchen und dünne Scheiben 1 unbehandelten Zitrone obenauf geben.

Tipp:

Ernähren Sie sich vitamin- und ballaststoffreich mit frischem Obst, Salat und Brot. Wenn Sie an einem Tag Ihr Soll an Fett überschritten haben, sorgen Sie am besten innerhalb der Woche für Ausgleich, sonst verlieren Sie rasch die Übersicht.

Die 3-Tage-Kur

Der erste Tag
Morgens
• Orangenhälften
• Hühnersuppe asiatisch (Rezept auf dieser Seite) mit Roggenbrötchen

Lunch
• Kartoffeln mit Kräutermousse (Seite 26) und gemischtem Salat
• frische Früchte der Saison

Abends
• Fenchel mit Orangensaft (Seite 27)
• Lammfilet mit Austernpilzen (Seite 38) und Salat
• Schupfnudeln mit Zwetschgen (Seite 56)

Für Zwischendurch:
• Früchte aus dem Wok sind köstlich und gelingen leicht: Dafür im heißen Wok für 4 Portionen 2 EL Honig karamelisieren lassen. Spalten von 1 Apfel, 1 Pfirsich und 2 Kiwi darin 1 1/2 Min. wenden. Mit etwas Joghurt servieren. Weitere köstliche Kombinationen sind: Scheiben von 1 Banane oder Orange, 100 g Erdbeeren, Spalten von 2 Birnen und 100 g Pflaumen, Spalten von 2 Nektarinen, 150 g Ananas oder 100 g Erdbeeren.

Der zweite Tag
Morgens
• Bananenpfannkuchen (Seite 58) mit Ahornsirup und Obstsalat

Lunch
• Gemischter Salat
• Entenbrust mit Auberginenreis (Seite 12)
• frische Früchte der Saison

Abends
• Spargel-Fondue und Tomaten-Salsa (Seite 24)
• Kirschragout mit Schmarrn (Seite 60)

Für Zwischendurch:
• Roggen-Crostini mit Auberginenpüree: Dafür 2 Auberginen (etwa 400 g) einritzen, 20 Min. im Wok dämpfen, pürieren und mit 1 EL Essig, 1 TL Sojasauce, 2 TL Knoblauchöl, Salz, Pfeffer und 1 Schalotte würzen.

Der dritte Tag
Morgens
• Milchreis mit Mangos (Seite 59)

Lunch
• Gemischter Salat
• Reisbandnudeln mit Gemüse (Seite 10)
• frisches Obst

Abends
• Rohkost mit grüner Sauce (Seite 46)
• Seezungenfilet mit Chinakohl (Seite 48)
• Polenta-Sticks mit Himbeermus (Seite 52)

Für Zwischendurch
• Warme Mohnta. (Seite 52) mit O' .alat

Getränket` .p:
Grüner Tee ist ein Fatburner. Täglich etwa 4 Tassen helfen gegen lästige Pfunde. Täglich 1,5-2 Liter Wasser trinken hält fit und gesund.

Ein abwechslungsreiches Wochenende liegt vor Ihnen!

Warme Mohntaschen mit Mangosauce

● Gelingt leicht
● Fatburner

Für 4 Personen:

Für die Füllung:
20 g Mohn
100 ml fettarme Milch
1 EL Honig
3 Aprikosen
Für die Taschen:
1 TL Sonnenblumenöl
1 1/2 TL Trockenhefe
1/2 TL Backpulver
1 Prise Salz
120 g Weizenmehl
(Type 550)
2 EL Honig
60 ml lauwarmes Wasser
3 TL Butter
Pergament- oder
Backtrennpapier
Für die Mangosauce:
1 Mango
2 EL Honig
Saft von 1 Limone

Zubereitungszeit: 30 Min.
Ruhezeit: 30 Min.

Pro Portion ca.: 263 kcal
6 g EW/6 g F/46 g KH

1 Den Mohn mit der Milch in einem Topf aufkochen lassen, mit Honig süßen und 10 Min. zugedeckt garen. Vom Herd nehmen und 20 Min. quellen lassen. Die Aprikosen waschen, entsteinen und klein würfeln.

2 Den Dämpfeinsatz mit Pergament- oder

Backtrennpapier auslegen, dieses einige Male einstechen und mit Öl bepinseln. Für den Teig Hefe, Backpulver und Salz mit Mehl, Honig, Wasser und Butter mit dem Handrührgerät vermengen. Den Teig in 12 Bällchen teilen.

3 Die Aprikosen unter die Mohnmasse mischen. In die Teigbällchen eine Delle drücken, etwas Füllung hineingeben und zu Taschen verschließen.

4 Die Taschen im Dämpfeinsatz in genügend großem Abstand voneinander verteilen und an einem warmen Ort zugedeckt 30 Min. gehen lassen.

5 In den Wok so viel Wasser einfüllen, dass es bis zum Dämpfeinsatz reicht, und aufkochen lassen. Die Taschen darauf stellen und zugedeckt 15 Min. dämpfen.

6 Die Mango von der Schale und vom Stein lösen und mit Honig, Limonensaft und 3 EL Wasser pürieren. Die Mohntaschen mit der Mangosauce servieren.

Polenta-Sticks mit Himbeermus

● Gut vorzubereiten
● Vitaminreich

Für 4 Personen:

Für die Polenta-Sticks:
1/2 l fettarme Milch
80 g Honig
150 g grober Maisgrieß
(Polentagrieß)
1 Prise Bourbon-Vanille
20 g Mehl
2 EL Sonnenblumenöl
Für die Himbeersauce:
300 g Himbeeren
40 g Honig
Saft von 1 Limone oder
1/2 Zitrone

Zubereitungszeit: 30 Min.

Pro Portion ca.: 353 kcal
8 g EW/7 g F/63 g KH

1 Die Milch im Wok mit dem Honig aufkochen lassen, dabei mit dem Schneebesen rühren. Den Maisgrieß und die Vanille nach und nach unter Rühren einrieseln lassen und bei schwacher Hitze 2 Min. unter Rühren kochen lassen.

2 Eine breite flache Form etwa 1 cm hoch mit Polenta füllen, die Masse glatt streichen und erkalten lassen. Den Wok säubern.

3 Inzwischen die Himbeeren mit Honig,

Limonensaft und 6 EL Wasser pürieren. Dann durch ein Sieb streichen, um die Kerne zu entfernen.

4 Die Polenta in fingerlange etwa 1 x 1 x 4 cm dicke Sticks schneiden und in Mehl wenden; überschüssiges Mehl abklopfen.

5 Den Backofen auf 70° erhitzen. Zuerst den Wok, dann das Öl erhitzen. Die Sticks darin in 3 Portionen bei mittlerer Hitze in 2-3 Min. goldbraun braten und im Backofen warm stellen. Mit dem Mus anrichten.

TIPP!

Die Polenta können Sie am Vortag zubereiten. Statt Himbeermus können Sie eine Himbeersauce servieren: Dafür das Fruchtfleisch von 1 Avocado mit 200 g Himbeeren, dem Saft von 2 Limonen, 60 g Honig und 9 EL Wasser pürieren.

Im Bild vorne: Polenta-Sticks mit Himbeermus
Im Bild hinten: Warme Mohntaschen mit Mangosauce

Ananaskompott mit Buchweizen

● Preiswert
● Gelingt leicht

Für 4 Personen:

Für den Buchweizen:
120 g Buchweizengrütze
150 ml fettarme Milch
Salz
1 Prise Zimtpulver
1 Prise Kardamom
1 TL geriebene Orangenschale (unbehandelt)

Für das Ananaskompott:
1/2 Ananas
100 g Akazienhonig
1 Prise Bourbon-Vanille
100 ml Maracujasaft
100 ml frisch gepresster Orangensaft
Saft von 1/2 Zitrone
1 TL geriebene Zitronenschale (unbehandelt)
2 TL Kartoffelmehl oder 1 TL Johannisbrotkernmehl

Zubereitungszeit: 20 Min.

Pro Portion ca.: 250 kcal
4 g EW/1 g F/55 g KH

1 Zuerst den Wok erhitzen, dann darin die Buchweizengrütze ohne Fett unter Rühren in 4 Min. rösten, bis sie zu duften beginnt.

2 In einem Topf die Milch mit Salz, Zimt, Kardamom und Orangenschale aufkochen lassen. Den Buchweizen unterrühren und zugedeckt bei schwacher Hitze in 20 Min. garen.

3 Die Ananas schälen, vierteln, vom Strunk befreien und in etwa 1 1/2 cm große Würfel schneiden.

4 Den Wok säubern, erneut erhitzen und den Honig darin erhitzen. Unter Rühren goldbraun karamelisieren lassen. Die Vanille und die Ananaswürfel hineingeben. Unter Rühren 3 Min. darin braten. Mit dem Saft aufgießen, die Zitronenschale untermischen, alles aufkochen lassen und die Ananas in 3 Min. garen.

5 Kartoffelmehl in Wasser anrühren und das Kompott unter Rühren damit binden. Buchweizen anrichten und mit Kompott servieren.

> **TIPP!**
>
> Sie können im Ananaskompott auch Kafirblätter mitgaren und vor dem Servieren herausnehmen. Kafirblätter gibt es im Asienladen. Johannisbrotkernmehl gibt es in Geschäften mit Bio-Produkten. Es muss nicht angerührt werden.

Ananasspieße mit Zimtquark

● Preiswert
● Gelingt leicht

Für 4 Personen:

Für die Ananasspieße:
1/2 Ananas
2 TL Erdnussöl
16 Holzspieße

Für den Zimtquark:
500 g Quarkzubereitung (0,2 % Fett)
6 EL Honig
Saft von 1 Limone oder 1/2 Zitrone
1/2 TL Zimtpulver

Zubereitungszeit: 30 Min.

Pro Portion ca.: 198 kcal
17 g EW/2 g F/28 g KH

1 Die Ananashälfte schälen, längs halbieren, vom Strunk befreien. Die beiden Stücke jeweils längs halbieren und quer in je 8 gleiche Stücke teilen. 2 Ananasstücke auf je 1 Holzspieß stecken.

2 Den Quark mit Honig, Limonen- oder Zitronensaft und Zimt glatt rühren.

3 Zuerst den Wok erhitzen, dann für jede Portion mit Öl auspinseln. Jeweils 8 Spieße mit der Spitze nach unten hineingeben und je Seite 2 Min. unter Wenden goldbraun braten. Die Ananasspieße auf Teller mit dem Zimtquark anrichten.

VARIANTEN

Sie können auch Mango- und Ananasstücke im Wechsel auf die Spieße stecken. Für den Quark können Sie zur Abwechslung 200 g körnigen Frischkäse (Hüttenkäse) mit 400 g fettarmen Joghurt glatt rühren und mit den Gewürzen abschmecken.

> **TIPP!**
>
> Der Zimtquark lässt sich gut vorbereiten. Sie können ihn auch mit Ananaskompott (Rezept auf dieser Seite) oder Kirschragout (Seite 60) kombinieren, die Sie ebenfalls im Voraus zubereiten können.

Im Bild vorne: Ananasspieße mit Zimtquark
Im Bild hinten: Ananaskompott mit Buchweizen

Schupfnudeln mit Zwetschgen

● Preiswert
● Gelingt leicht

Für 4 Personen:

Für die Zwetschgen:
500 g Zwetschgen
1 EL Rosmarinnadeln
100 g Honig
100 ml Johannisbeersaft
Für die Schupfnudeln:
300 g mehlig kochende Kartoffeln
Salz
1 Ei
2 EL Vollkornmehl
2 EL Grieß
Mehl für die Arbeitsfläche
2 TL Butter

Zubereitungszeit: 45 Min.

Pro Portion ca.: 246 kcal
4 g EW/3 g F/48 g KH

1 Die Zwetschgen waschen, abtropfen lassen, von den Stielen befreien, halbieren und entsteinen. Den Rosmarin, waschen, trockentupfen und klein schneiden.

2 Zuerst den Wok erhitzen, dann darin den Honig unter Rühren goldbraun karamelisieren lassen; der Honig beginnt dabei zu duften und dickt etwas ein; er soll aber flüssig bleiben.

3 Die Zwetschgen und den Rosmarin untermi-schen und unter Rühren schwenken. Mit dem Saft aufgießen und alles aufkochen lassen.

Zugedeckt bei schwacher Hitze 8 Min. köcheln lassen, dabei gelegentlich umrühren. In eine Schüssel füllen.

4 Inzwischen für die Schupfnudeln die Kartoffeln waschen, schälen und vierteln. Die Kartoffeln von Salzwasser knapp bedeckt aufkochen lassen und zugedeckt bei schwacher Hitze in 20 Min. garen. Abgießen und ausdämpfen lassen.

5 Die Kartoffeln durch eine Kartoffelpresse drücken und in einer Schüssel etwas abkühlen lassen. Anschließend mit dem Ei, dem Vollkornmehl und dem Grieß zu einem weichen Kartoffelteig gründlich verkneten und mit Salz abschmecken.

6 Aus dem Teig auf einer bemehlten Arbeitsfläche eine etwa 1 cm dicke Rolle formen und in etwa 5 cm lange Stücke schneiden.

7 In einem Topf reichlich Salzwasser zum Kochen bringen. Die Teigstücke zwischen den bemehlten Händen so rollen, dass sie am Ende spitz zulaufen.

8 Die Schupfnudeln in das schwach kochende Salzwasser gleiten lassen und in 5 Min. gar ziehen lassen, bis sie zur Oberfläche steigen. Mit dem Schaumlöffel aus dem Wasser nehmen und zum Abschrecken mit kaltem Wasser überbrausen.

9 Den Wok säubern und erhitzen. Die Butter erhitzen und die Schupfnudeln darin in zwei Portionen unter vorsichtigem Wenden goldbraun braten.

10 Die Schupfnudeln mit den warmen Zwetschgen auf Tellern anrichten und servieren.

TIPP!

Sie können die Schupfnudeln statt mit Zwetschgen mit Kirschragout (Seite 60) servieren. Sie passen aber auch gut als Beilage zu herzhaften Fleisch- oder Geflügelgerichten. Schmecken Sie dafür den Teig mit 1 Prise Muskatnuss ab. Nehmen Sie statt 300 g Kartoffeln 400 g und 2 EL Mehl zusätzlich.

Melone mit Glasnudeln

● Preiswert
● Vitaminreich

Für 4 Personen:

1–2 Charentais-Melonen (etwa 500 g)
1 Stück Ingwer (etwa 3 cm)
30 g Honig
75 g Glasnudeln
1 Prise Bourbon-Vanille
Saft von 2 Limonen
8 Minzeblättchen

Zubereitungszeit: 20 Min.

Pro Portion ca.: 108 kcal
3 g EW/1 g F/23 g KH

1 Die Melonen halbieren, entkernen, schälen, in etwa 1 cm kleine Würfel schneiden und ins Gefrierfach stellen.

2 Inzwischen den Ingwer schälen und reiben.

350 ml Wasser im Wok erhitzen. Mit Ingwer und 2 EL Honig aufkochen lassen. Die Nudeln darin zugedeckt bei schwacher Hitze 3 Min. köcheln lassen. Vom Herd nehmen. Vanille untermischen. Die Nudeln Flüssigkeit aufnehmen lassen, in eine flache Schüssel füllen, damit sie locker bleiben, und kalt stellen.

3 Die Melone mit dem restlichen Honig und Limonensaft im Mixer pürieren und in tiefe Teller geben.

4 Die Nudeln vorsichtig lockern und in die Mitte auf das Melonenpüree geben. Die Minzeblättchen waschen, mit Küchenpapier trockentupfen und die Nudeln mit Minzeblättchen garnieren.

Bananen-pfannkuchen

● Preiswert
● Gelingt leicht

Für 4 Personen:

1 Prise Salz
1 Prise Zimtpulver
150 g Mehl (Type 550)
250 ml ungesüßte Kokosmilch (aus der Dose)
2 EL Honig
2 Bananen
2 Eier
4 TL Erdnuss- oder Rapsöl
Saft von 1/2 Zitrone

Zubereitungszeit: 40 Min.
Ruhezeit: 1/2–1 Std.

Pro Portion ca.: 248 kcal
8 g EW/6 g F/40 g KH

1 Salz, Zimt, Mehl, Kokosmilch und Honig mit dem Pürierstab zu einem Pfannkuchenteig vermischen und 1/2–1 Std. ruhen lassen.

2 Die Bananen schälen. 1 Banane klein schneiden und mit den Eiern unter den Teig mischen. (Sollte der Teig zu dick sein, etwas Mineralwasser untermischen.) Die zweite Banane in Scheiben schneiden und unter den Teig mischen.

3 Den Backofen auf 70° vorheizen. Zuerst den Wok erhitzen, dann mit Öl bepinseln. Nacheinander aus je einer Kelle Teig bei mittlerer Hitze 4 Pfannkuchen von beiden Seiten goldbraun backen und warm stellen. Den Wok für jeden Pfannkuchen neu mit Öl bepinseln. Die Pfannkuchen mit Zitronensaft beträufeln und servieren.

Milchreis mit Mangos

● Gelingt leicht
● Fatburner

Für 4 Personen:

100 g Rundkornreis	
2 reife Mangos	
300 ml ungesüßte Kokos-milch (aus der Dose)	
3 EL Honig	
1/2 TL Salz	

Zubereitungszeit: 30 Min.

Pro Portion ca.: 190 kcal
2 g EW/1 g F/43 g KH

1 Den Backofen auf 70° vorheizen. Den Reis mit 200 ml Wasser im Wok zum Kochen bringen und zugedeckt bei schwacher Hitze 20 Min. quellen lassen. Zwischendurch ab und zu umrühren. Vom Herd nehmen und im Backofen zugedeckt 20 Min. ziehen lassen, bis die Flüssigkeit ganz aufgesogen ist.

2 Die Mangos halbieren und vom Stein lösen. Das Fruchtfleisch kreuzweise einritzen, mit dem Daumen die Schale nach innen stülpen, so dass das Fruchtfleisch nach außen gedrückt wird.

3 Die Kokosmilch in einem Topf mit Honig und Salz vermischen. Unter Rühren einmal aufkochen lassen und mit dem Reis vermischen. Mit den Mangos auf flachen Tellern anrichten. Warm oder kalt servieren.

Kokossuppe

● Für Gäste
● Vitaminreich

Für 4 Personen:

80 g Glasnudeln	
2 EL Kokosflocken	
1 Granatapfel	
2 unbehandelte Orangen	
200 ml ungesüßte Kokos-milch (aus der Dose)	
300 ml fettarme Milch	
1 Prise Kardamom	
1 g Safran	
2 EL Honig	
2 TL Kartoffelmehl	

Zubereitungszeit: 35 Min.

Pro Portion ca.: 197 kcal
6 g EW/3 g F/36 g KH

1 Die Nudeln mit kochendem Wasser übergießen und 30 Min. quellen lassen.

2 Den Wok erhitzen, darin 2 EL Kokosflocken goldbraun rösten.

3 Den Granatapfel halbieren und die Kerne auslösen. Die Orangen warm waschen, abtrocknen und 1 TL Schale abreiben. Die Orange samt heller Haut schälen. Das Fruchtfleisch in Spalten schneiden, dabei den Saft auffangen.

4 Den Wok erneut erhitzen. Die Kokosmilch, Milch, Kardamom, Safran, Orangenschale, Saft und Honig darin aufkochen und zugedeckt bei schwacher Hitze 8 Min. köcheln lassen. Das Kartoffelmehl mit etwas Wasser anrühren und die Suppe damit leicht binden.

5 Die Nudeln abtropfen lassen, klein schneiden und in die Suppe rühren. Mit Orangen und Granatapfel servieren.

Kirschragout mit Schmarrn

● Preiswert
● Gelingt leicht

Für 4 Personen:

Für den Schmarrn:
75 g Weizenvollkornmehl
75 g Mehl (Type 405)
Salz
1/4 l fettarme Milch
1/4 geriebene Zitronen-
schale (unbehandelt)
2 Eier
1 Eiweiß
4 Minzeblättchen
4 TL Mineralwasser
5 TL Erdnuss- oder Rapsöl
Für das Kirschragout:
600 g schwarze Kirschen
200 ml Kirschsaft
1 Prise Bourbon-Vanille
2 EL Honig
2 kleine Stangen Zimt
2 TL Kartoffelmehl

Zubereitungszeit: 45 Min.
Ruhezeit: 1/2-1 Std.

Pro Portion ca.: 396 kcal
10 g EW/15 g F/54 g KH

1 Das Mehl, Salz, Milch und Zitronenschale vermischen und 1/2-1 Std. ruhen lassen.

2 Inzwischen für das Kirschragout die Kirschen waschen, entsteinen und dabei halbieren.

3 Den Saft in einem Topf erhitzen und mit Vanille und Honig würzen. Mit den Zimtstangen und den Kirschen aufkochen und bei schwacher Hitze 3 Min. kochen lassen. Das Kartoffelmehl mit etwas Wasser anrühren und das Kompott damit leicht binden. Die Zimtstangen entfernen. Die Kirschen in einer Schüssel erkalten lassen.

4 Die Eier trennen. Die Eigelbe unter den Teig mischen. Die Eiweiße steif schlagen. Die Minze waschen, trockentupfen und in Streifen schneiden. Den Teig mit Mineralwasser aufschlagen. 1 TL Öl, Minze und Eischnee unterheben.

5 Den Backofen auf 70° vorheizen. Zuerst den Wok, dann das restliche Öl erhitzen. Nacheinander bei mittlerer Hitze jeweils 4 Pfannkuchen von beiden Seiten backen. Nach dem Wenden mit zwei Gabeln zerreißen, goldbraun backen und warm stellen. Mit Kirschragout servieren.

Armer Ritter mit Orangen

● Preiswert
● Gelingt leicht

Für 4 Personen:

4 Scheiben Vollkorn-Toast
125 ml fettarme Milch
1 Ei
Salz
4 EL Honig
4 Orangen
Pfeffer
1 EL Minzeblättchen
2 EL Paniermehl
2 EL Kokosflocken
2 TL Sonnenblumenöl

Zubereitungszeit: 20 Min.

Pro Portion ca.: 240 kcal
6 g EW/7 g F/37 g KH

1 Die Brotscheiben zweimal diagonal durchschneiden, so dass Dreiecke entstehen. Diese auf eine flache Platte legen.

2 Die Milch mit Ei, Salz und 2 EL Honig verquirlen. Diese Mischung über die Brotscheiben gießen und einziehen lassen.

3 Die Orangen samt weißer Haut schälen. Das Fruchtfleisch in Scheiben schneiden, dabei den Saft auffangen. Die Orangenscheiben auf einen Teller legen.

4 Zuerst den Wok erhitzen, dann den restlichen Honig darin bei mittlerer Hitze unter Rühren karamelisieren lassen. Die Orangenscheiben darin von beiden Seiten bräunen und den Orangensaft zugießen. Alles pfeffern und 2 Min. unter Rühren garen lassen.

5 Die Minzeblättchen waschen, trockentupfen und in Streifen schneiden. Die Orangenscheiben aus dem Wok nehmen und auf Teller geben. Die Minzeblättchen unter den Saft mischen. Diesen unter Rühren einkochen lassen und in eine Schüssel geben.

6 Das Paniermehl und die Kokosflocken vermischen. Die Brotecken aus der Eiermilch nehmen und in den Bröseln wenden.

7 Den Wok säubern, erneut erhitzen und mit Öl bepinseln. Die Brotscheiben darin in zwei Portionen unter Wenden goldbraun braten. Mit den Orangen anrichten.

Im Bild vorne: Armer Ritter mit Orangen
Im Bild hinten: Kirschragout mit Schmarrn

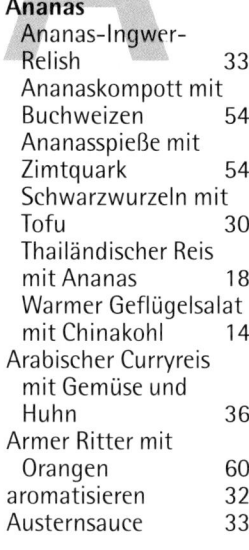

Impressum

© 2001 Gräfe und Unzer Verlag GmbH, München. Alle
Rechte vorbehalten. Nachdruck, auch auszugsweise,
sowie Verbreitung durch Film, Funk und Fernsehen, durch
fotomechanische Wiedergabe, Tonträger und Datenver-
arbeitungssysteme jeglicher Art nur mit schriftlicher
Genehmigung des Verlages.

Redaktion: Stefanie Poziombka
Lektorat: Redaktionsbüro Maryna Zimdars
Layout, Typographie und Umschlaggestaltung:
Heinz Kraxenberger
Satz und Herstellung: Verlagssatz Lingner
Produktion: Maike Harmeier
Titelbild: Michael Brauner, Stockfood Eising
Fotos: Odette Teubner
Reproduktion: Repro Schmidt
Druck und Bindung: Kaufmann, Lahr
ISBN 3-7742-2601-6

Auflage	5.	4.	3.	2.	
Jahr	2005	04	03	02	01

Elisabeth Döpp
arbeitete lange Zeit als Lektorin für große Verlage und ist
seit 1985 Kochbuchautorin und UGB-Gesundheits-
Trainerin im Bereich Ernährung – mit dem Schwerpunkt
vegetarische und vollwertige Küche.

Christian Willrich
stammt aus dem Elsaß und ist seit 1980 Küchenchef in
Gourmet-Restaurants. Er präsentiert seit 1980 seine
feine Naturküche mit großem Erfolg.

Jörn Rebbe
wurde in einem japanischen Hotel zum Koch ausgebildet. Er ist als Küchenchef Spezialist für japanische und
chinesische Küche.

Odette Teubner
wuchs bereits zwischen Kameras, Scheinwerfern und
Versuchsküche auf. Ausgebildet wurde sie durch ihren
Vater, dem bekannten Food-Fotografen Christian Teubner. Nach einem kurzen Ausflug in die Modefotografie
kehrte sie in die Foodbranche zurück und hat seitdem
das seltene Glück, Beruf und Hobby zu vereinen.

Das Original
mit Garantie

Ihre Meinung ist uns
wichtig. Deshalb
möchten wir Ihre
Kritik, gerne aber auch
Ihr Lob erfahren.
Um als führender
Ratgeberverlag für Sie
noch besser zu werden.
Darum: Schreiben Sie
uns! Wir freuen uns
auf Ihre Post und
wünschen Ihnen viel
Spaß mit Ihrem
GU-Ratgeber.

Unsere Garantie: Sollte
ein GU-Ratgeber
einmal einen Fehler
enthalten, schicken Sie
uns das Buch mit
einem kleinen Hinweis
und der Quittung
innerhalb von sechs
Monaten nach dem
Kauf zurück. Wir
tauschen Ihnen den
GU-Ratgeber gegen
einen anderen
zum gleichen oder
ähnlichen Thema um.

Ihr Gräfe und Unzer Verlag
Redaktion Kochen
Postfach 86 03 25
81630 München
Fax: 089 / 4 19 81 - 103
e-mail:
leserservice@graefe-und-unzer.de

GASHERD-
TEMPERATUREN

Die Temperaturstufen
bei Gasherden variieren
von Hersteller zu Her-
steller. Welche Stufe
Ihres Herdes der jeweils
angegebenen Tempe-
ratur entspricht, ent-
nehmen Sie bitte der
Gebrauchsanweisung.

ABKÜRZUNGEN

TL   = Teelöffel
EL   = Esslöffel
Msp. = Messerspitze

kcal = Kilokalorien
EW   = Eiweiß
F   = Fett
KH   = Kohlenhydrate